岩波現代文庫／学術 375

〈仏典をよむ〉3

大乗の教え（上）

般若心経・法華経 ほか

中村 元
前田專學［監修］

岩波書店

はじめに——本シリーズの成り立ち

本シリーズは、中村元《はじめ》先生が、一九八五年四月から九月まで、ＮＨＫラジオ第二放送で行なわれた全二六回にわたる連続講義、「こころをよむ／仏典」を活字化したものです。

多数の仏典のうちでももっとも古い経典《きょうてん》とされている『スッタニパータ』から、代表的な大乗仏典である『般若心経《はんにゃしんぎょう》』『法華経《ほけきょう》』『浄土三部経《じょうどさんぶきょう》』、さらに密教経典『理趣《りしゅ》経《きょう》』にいたるまで、これほど広く、またわかりやすい仏典の解説はほかに例がありません。とくに中村先生みずからラジオで放送され、耳で聴いてそのままわかるように、懇切丁寧に説明されたものだけに、一般読者にとって、格好の仏典入門といえるでしょう。

この連続講義は、ほぼ経典の成立順になっています。そのため第一・第二巻では、それぞれ『ブッダの生涯』『真理のことば』と題し、いわゆる原始仏典を扱います。

第三・第四巻では『大乗の教え(上)——般若心経・法華経ほか』『大乗の教え(下)——浄土三部経・華厳経ほか』と題し、「大乗仏典」をとりあげています。

中村先生は、一九九九年一〇月一〇日、八六歳の生涯を閉じられて、いまやその肉声を直接お聞きすることはできません。しかし本シリーズは先生の肉声の録音テープから稿を起こしていますので、読んでいる中にさながら先生から直接講義をお聴きしているような錯覚にとらわれます。読者がこれにより、仏典の興趣つきない魅力と奥深さに触れ、この混沌とした二一世紀を生きぬくための何らかの指針を見いだしていただけるならば、望外の幸いです。

二〇〇一年一月

前田專學

凡例

一、講義を翻刻するにあたって、以下の方針をとった。

a　講義では仏典の該当箇所を記した「テキスト」の存在を前提にしており、しばしば「テキスト」を参照すべきことを指示している。仏典の参照指示部分を補った。

b　ラジオ放送では、仏典のさわりを「読誦」するコーナーがあったが、これは活字化になじまないので省いた。

c　ラジオ放送は耳で聴いて理解することをめざしているため、ときにくり返しが多くなったり、あるいは説明が前後したりするところがある。適宜整理した。

一、読者の便宜のため、監修者の判断により、（　）内に小字で説明を加えた。

一、引用文中、〔　〕は補い、（　）は注・説明である。

目次

写真提供＝丸山　勇

〈仏典をよむ〉第一・二・四巻目次

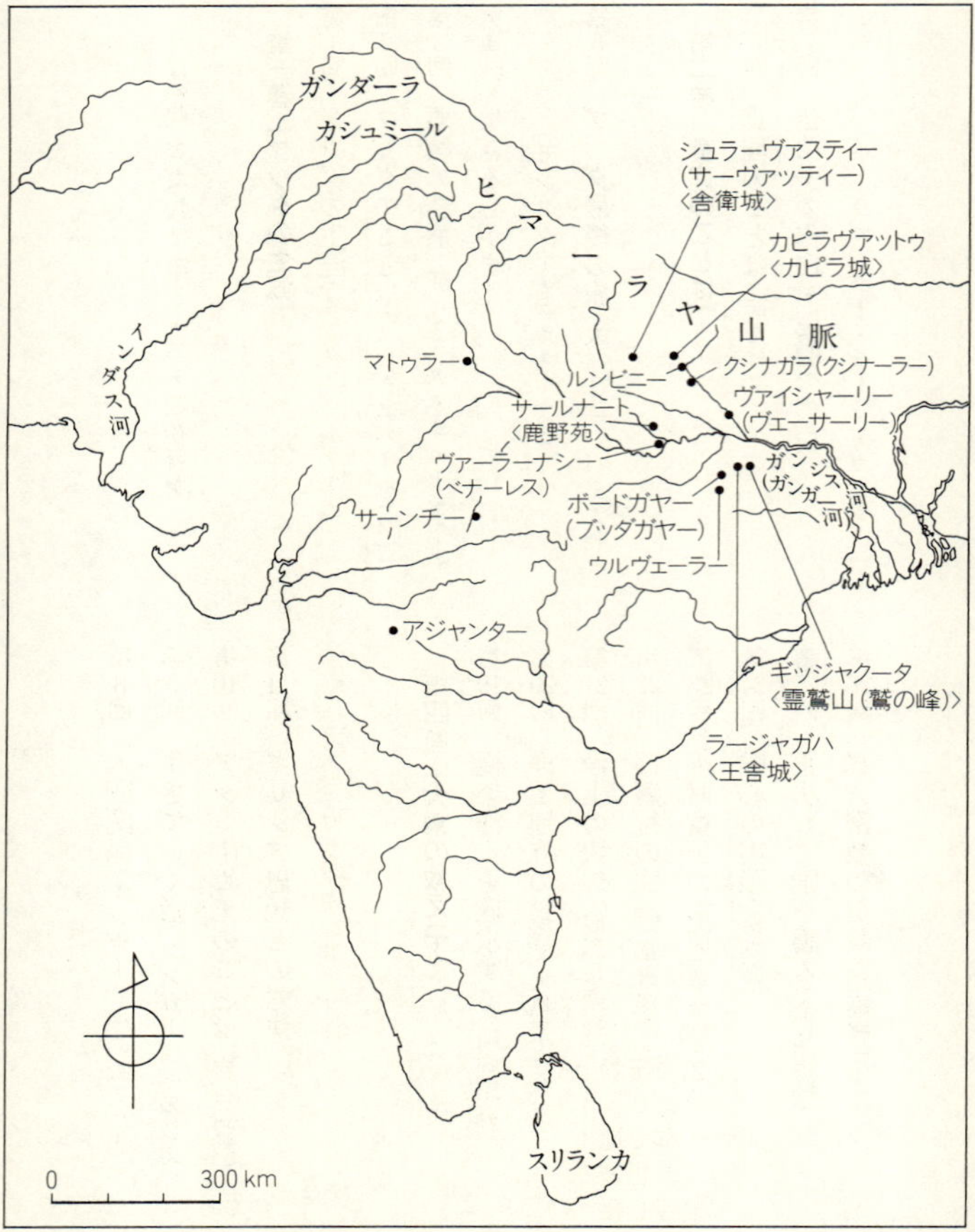

ガンダーラ
カシュミール
ヒ
マ
ー
ラ
ヤ
山　脈
シュラーヴァスティー
(サーヴァッティー)
〈舎衛城〉
カピラヴァットゥ
〈カピラ城〉
クシナガラ(クシナーラー)
ルンビニー
ヴァイシャーリー
(ヴェーサーリー)
マトゥラー
サールナート
〈鹿野苑〉
ヴァーラーナシー
(ベナーレス)
ガンジス
(ガンガー)
河
ボードガヤー
(ブッダガヤー)
ウルヴェーラー
サーンチー
インダス河
アジャンター
ギッジャクータ
〈霊鷲山(鷲の峰)〉
ラージャガハ
〈王舎城〉
スリランカ
0
300 km

第12回

空の思想

──『般若心経』『金剛般若経』

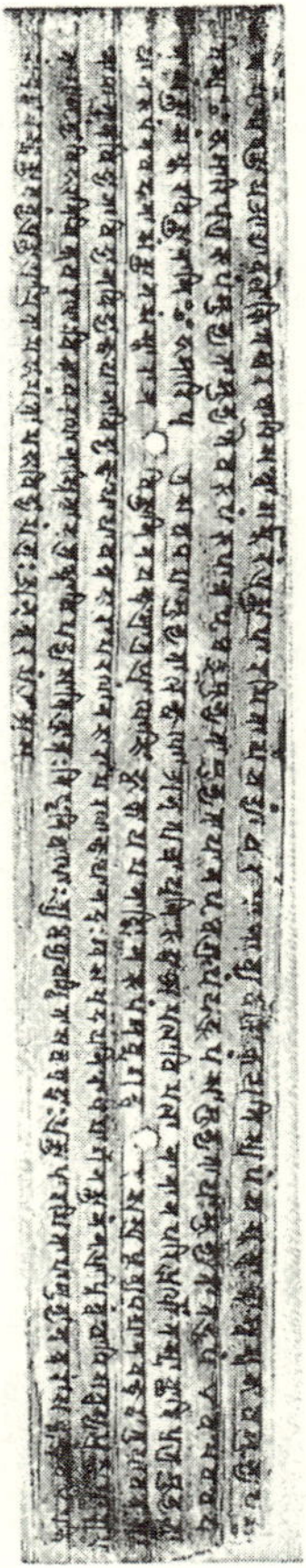

法隆寺に伝わった『般若心経』写本
サンスクリット語で書かれた古代インド写本で地上に保存されたものとしては，世界最古のもの．（岩波文庫『般若心経・金剛般若経』より）

『般若心経』(*Prajñāpāramitā-hṛdaya-sūtra*)は、詳しくは『般若波羅蜜多心経』といわれ、そのサンスクリット本としては、「大本」と「小本」の二種類の写本が伝わっている。「小本」は玄奘三蔵の漢訳『般若心経』に相当し、その写本はインドなどには残っておらず、わが国の法隆寺に保存されていたことで有名。これは紀元六〇九年に中国から伝来した。『金剛般若経』(*Vajracchedikā-prajñāpāramitā-sūtra*)は、詳しくは『金剛般若波羅蜜経』といわれ、般若経典のなかでも『般若心経』についで広く読まれている。鳩摩羅什(クマーラジーヴァ)による漢訳(紀元四〇二年)が最も広く読まれている。

『般若心経・金剛般若経』(中村元・紀野一義訳注、岩波文庫)に、漢訳・読み下し文・現代語訳をあわせて、全文が収録されている。

今回は、空《くう》の思想について申しあげます。空の思想＝「空観《くうがん》」とは、あらゆる事物が空であり、それぞれのものは固定的な実体をもっていないと見なす思想です。空の思想を説いた経典としては、とくに般若経典《はんにゃきょうてん》が有名です。般若経典を集成したのが『大般若経《だいはんにゃきょう》』ですが、これは、有名な唐の高僧、玄奘三蔵《げんじょうさんぞう》(六〇二―六六四)の訳で六百巻あります。これは途方もない数でして、わが国でもたとえば、こんな話があります。南北朝時代、大塔宮護良親王《おおとうのみやもりよし》が敵に攻められて、必死に隠れ場を探したとき、『大般若経』六百巻の経箱があった、それでその中に身を隠して命を全うしたというのですね。それほど分厚いものです。

しかし、それを簡単にしますと、『般若心経《はんにゃしんぎょう》』一巻の中にそのエッセンスが盛られているといわれます。短くもあり、また重要だということで、『般若心経』は日本の仏教ではもっとも多く読誦《どくじゅ》されているものです。また、『金剛般若経《こんごうはんにゃきょう》』は、空の思想にもとづいて、われわれの心構えを説いているということでよく知られております。

ここでは、『般若心経』および『金剛般若経』について味わっていくことにいたしましょう。

ありとあらゆるものが空である

「空《くう》」について、少し敷衍《ふえん》いたしましょう。「空」という字のもとのことばはシューニヤと申しまして、これは「膨《ふく》れ上がっている」「中がうつろである」「中身が欠けている」といった意味です。そういう状態のことを、「空」と称しているのです。このシューニヤは、インドの数学では非常に重要な観念で、ゼロのことです。ゼロの観念は、世界の諸民族のうちでインド人が最初に考えついたことで、それが西洋にも伝えられ、ひいてはわが国にも渡ってきました。みなさんご承知の「0」の記号は、もとはサンスクリットのゼロをあらわす記号に由来するもので、非常によく似ております。

さて、ブッダが亡くなったのち、仏教が発展していくなかで、いろいろな学派が出ました。もっとも有力なのは「説一切有部《せついっさいうぶ》」と呼ばれるもので、これはいわゆる小《しょう》乗《じょう》仏教の代表的な学派であると見なされていますが、この学派では、「一切のものが有る」と説くのです。つまり、何らかのあり方というものが固定していると説く。それに対し、それは皮相な見解であるということを大乗《だいじょう》仏教のほうでは説きまして、とくに般若経典のなかでは、ふつうは否定的にひびく「空」ということばをくりかえし説いているのです。

われわれは見るもの、経験するものが固定的な実体をもっている、そう考えがちです。けれども、固定的な実体をもった永久不変のものというのは、形あるものとしては存在しませんね。たとえ、百年二百年続いたとしても、千年一万年となれば、また消え失せます。だからわれわれは、固定的なものという観念を懐《いだ》いてはならない。ありとあらゆるものが空である。種々の事物というものは他のものに条件づけられて成立していて、そのかぎりにおいて存在しているものである。固定的・実体的な本性をもっていない。本体を持たなければ、空であるといわねばならない。そう見なすのが空の思想なのです。

すでに原始仏教において、「世間は空である」と説かれていましたが、般若経典ではそれを受けてさらに発展させ、これを大乗仏教の基本的な教えとしたのです。

では、すべてが空であるならば実践が成立しえなくなるのではないか、と思われるけれども、般若経典は逆だというのです。もしも、われわれの煩悩《ぼんのう》とか悩みというものが、固定した永久不変のものであるならば、煩悩がなくなることはありえない。悩みが消えてなくなるということもありえない。けれど、われわれの執著《しゅうじゃく》でも煩悩でも悩みでも、その本体は空である、だからこそ修行によって、それをなくすることができるのだ、という。

こういう理を体得することが無上のさとり(無上正等覚《むじょうしょうとうがく》)、つまり自分で気がつくことなのですね。それ以外に無上のさとりというものはありえない。

『般若心経』の教え

まず最初に『般若心経』を読んでいきましょう。これは正しくは『般若波羅蜜多心経《はんにゃはらみったしんぎょう》』といい、『般若心経』は略称です。

「般若」とはもとのことばでプラジュニャー(prajñā)、「正しい認識」「真実の智慧《ちえ》」という意味です。「波羅蜜多」はパーラミター(pāramitā)ということばの音を写したもので、「完成」「究極に至る」という意味です。「心」とは、精髄《せいずい》、エッセンスということですから、つまり、「完全な覚《さと》りの精髄を述べた経典」ということになります。

このサンスクリットの原文もわが国に伝えられており、現に法隆寺には、いまから一三〇〇〜一四〇〇年前に書かれた梵字《ぼんじ》の『般若心経』が完全な姿で伝えられております。東京・上野の国立博物館にある法隆寺宝物館で展観《てんかん》されていて、いまわれわれが見ましても、なんとか読めます。これは玄奘三蔵が訳した『般若心経』の原文にあたるもので、その当時のままの写本としていまに残る唯一のものです。インドにも他のアジア諸国にもありません。完全なかたちで伝えてくださったわれらの祖先の努力に深く敬意を表し、感謝するものです。

さて、この『般若心経』は、わが国では浄土教《じょうどきょう》以外のほとんどの宗派で唱えておりますが、これは玄奘三蔵の訳によるものです。まず、その玄奘訳の漢文を見てみましよう。

觀《かん》自《じ》在《ざい》菩《ぼ》薩《さつ》。行《ぎょう》深《じん》般《はん》若《にゃ》波《は》羅《ら》蜜《みっ》多《た》時《じ》。照《しょう》見《けん》五《ご》蘊《おん》皆《かい》空《くう》。度《ど》一《いっ》切《さい》苦《く》厄《やく》。舎《しゃ》利《り》子《し》。色《しき》不《ふ》異《い》
空《くう》。空《くう》不《ふ》異《い》色《しき》。色《しき》即《そく》是《ぜ》空《くう》。空《くう》即《そく》是《ぜ》色《しき》。受《じゅ》想《そう》行《ぎょう》識《しき》亦《やく》復《ぶ》如《にょ》是《ぜ》。舎《しゃ》利《り》子《し》。是《ぜ》諸《しょ》法《ほう》空《くう》相《そう》。
不《ふ》生《しょう》不《ふ》滅《めつ》。不《ふ》垢《く》不《ふ》浄《じょう》不《ふ》増《ぞう》不《ふ》減《げん》。是《ぜ》故《こ》空《くう》中《ちゅう》。無《む》色《しき》。無《む》受《じゅ》想《そう》行《ぎょう》識《しき》。無《む》眼《げん》耳《に》鼻《び》舌《ぜっ》身《しん》意《い》。
無《む》色《しき》聲《しょう》香《こう》味《み》觸《そく》法《ほう》。無《む》眼《げん》界《かい》。乃《ない》至《し》無《む》意《い》識《しき》界《かい》。無《む》無《む》明《みょう》。亦《やく》無《む》無《む》明《みょう》盡《じん》。乃《ない》至《し》無《む》老《ろう》死《し》。亦《やく》

無《む》老死《ろうし》盡《じん》。無《む》苦集滅道《くしゅうめつどう》。無智《むち》亦《やく》無得《むとく》。以《い》無所得故《むしょとくこ》。菩提薩埵《ぼだいさった》。依《え》般若波羅蜜多故《はんにゃはらみったこ》。心無罣礙《しんむけいげ》。無罣礙故《むけいげこ》。無有恐怖《むうくふ》。遠離《おんり》〔一切《いっさい》〕顚倒夢想《てんどうむそう》。究竟涅槃《くきょうねはん》。三世諸仏《さんぜしょぶつ》。依《え》般若波羅蜜多故《はんにゃはらみったこ》。得阿耨多羅三藐三菩提《とくあのくたらさんみゃくさんぼだい》。故知《こち》般若波羅蜜多《はんにゃはらみった》。是大《ぜだい》神呪《じんしゅ》。是大明呪《ぜだいみょうしゅ》。是無上呪《ぜむじょうしゅ》。是無等等呪《ぜむとうどうしゅ》。能除一切苦《のうじょいっさいく》。眞實不虛故《しんじつふこ》。説般若波羅《せつはんにゃはら》蜜多呪《みったしゅ》。

卽説呪曰《そくせつしゅわつ》

掲帝《ぎゃてぃ》　掲帝《ぎゃてぃ》　般羅掲帝《はらぎゃてぃ》　般羅僧掲帝《はらそうぎゃてぃ》　菩提僧莎訶《ぼじそわか》

般若波羅蜜多心經《はんにゃはらみったしんぎょう》

ここまでが、『般若心経』の全文です。これからは、その漢訳の文章の書き下しをもとに、読んでまいります。

観自在菩薩《かんじざいぼさつ》、深般若波羅蜜多《じんはんにゃはらみった》を行《ぎょう》じし時、五蘊《ごうん》皆空《くう》なりと照見《しょうけん》して、一切の苦厄《くやく》を度したまえり。舎利子《しゃりし》よ、色《しき》は空に異ならず。空は色に異ならず。色はすなわちこれ空、空はすなわちこれ色なり。受想行識《じゅそうぎょうしき》もまたまたかくのごとし。

まず最初に「観自在菩薩《かんじざいぼさつ》」とあります。これは「観音菩薩《かんのんぼさつ》」「観世音菩薩《かんぜおんぼさつ》」といっても同じことで、観音さまのことです。この観音さまが深遠な般若波羅蜜多を実践なさったときに、つまり真実の認識というものを身につけて行なわれましたときに、五《ご》蘊《うん》はみな空《くう》であると見きわめられた。この、じっと真実を見つめるということによって、一切のわれわれの苦しみをお救いになった。

「五蘊」とはわれわれの存在を構成している五つの要素のことで、「色《しき》・受《じゅ》・想《そう》・行《ぎょう》・識《しき》」の五つです。なお、ここに「一切の苦厄を度したまえり」とありますが、この文句は実は、サンスクリットの原文にはありません。おそらく玄奘三蔵がその主旨をとって、われわれの真実の姿を見れば、苦しみ、悩みはなくなるという趣意で付け加えたのだと思います。

「舎利子《しゃりし》」とはもとのことばでシャーリプトラで、「舎利弗《しゃりほつ》」とも記します。ブッダの第一のお弟子で、ブッダのかわりに説法できるほど信任が厚く、「智慧第一」と呼ばれました。この人によって仏教教団が発展したのですが、そのお弟子に向かって、つぎのように告げられた。

「色は空に異ならず」。「色」は五蘊のうちの最初ですね。もとのことばでルーパ、物質的な姿かたちです。われわれは物質的な面を離れては生存しえないけれども、その本性を尋ねると、それは実は空にほかならない。ところが「空は色に異ならず」。その「空」とは、何もない虚無ではなく、現実に展開するものなのである。展開するものだから、それが具体的な物質的なかたちにほかならない。うちに何もない、何もないからこそ展開することができる。

「色はすなわちこれ空、空はすなわちこれ色なり(色即是空《しきそくぜくう》、空即是色《くうそくぜしき》)」。われわれの物質面というものは実は空なのである。空というものは実は物質的なかたちとして展開するものである。

「受想行識もまたかくの如し」。われわれの存在を構成する五蘊の他の四つが「受・想・行・識」です。「受」は感受作用、「想」は心に想う表象作用、「行」はわれわれをうちからつくり出す力のこと、「識」は識別作用、われわれはつねに意識をしておりますね。それらをいうわけです。われわれの存在を構成する五つはいずれも空である。そして、空がまた色・受・想・行・識としてあらわれ出ている。

鏡の譬《たと》えというのが、仏典によく出てきます。鏡はうちに何ももっておりません。

だから、いかなる姿をも映し出すことができるわけです。鏡のなかになにか特殊な姿があれば、清らかに映すということができない。それに譬えられます。空であるからこそわれわれの命、生存というものが実現する、そういうのであります。

舎利子よ、この諸法は空相《くうそう》にして、生ぜず、滅せず、垢つかず、浄からず、増さず、減らず、この故に、空の中には、色もなく、受も想も行も識もなく、眼も耳も鼻も舌も身も意もなく、色も声も香も味も触も法もなし。眼界《げんかい》もなく、乃至《ないし》、意識界もなし。

「舎利子よ、このいろいろのものは空を特質としている」。常識的に考えると、いろいろなものがあらわれ出て、また消えると思えるわけですが、高い境地から見るとそうではない。「生ぜず、滅せず」、つまりいろいろな力が加わって生じたり滅びたりしているのですが、高い立場から見ますと、ただ偉大なるひとつの理があるだけである。したがって、汚れることもなく、浄くなることもない、増えることもなく、減ることもない、ただ偉大なる真実がそこにあるだけだ、というのです。

こういうわけだから、空のなかには物質的なかたちもなく、感受作用も表象作用も形成作用も識別作用もない。そして、「眼も耳も鼻も舌も身も意もなく、色も声も香も味も触も法もなし」。われわれの感覚器官を考えると、眼と耳と鼻と舌と身体（触覚）、その五つの感官に加えて、思考する器官がありますから六つです。これを「六《ろっ》根《こん》」といいます。これに応ずる対象が、色・声・香・味・触・法です。色、すなわち物質的なかたち、これは眼で見る。それから、耳で聞く声、鼻で感じる香り、舌で感じる味、等々。なお、「法」はこの場合、「思考器官で思考されるもの」「考えられる対象」という意味です。けれども、これらに固定的な実体はない。

　さらに、それを一つ一つの領域として見ますと、眼・耳・鼻・舌・身・意それぞれに界をつけ、眼界、耳界等々とする、そうすると、それらを全部合わせると一八の領域になるわけです。それらすべてが固定した対象を持っていないということなのであります。

　このさとった境地というもの、これをわが国でも、昔から歌のかたちで表明しております。「世の中にわがものとてはなかりけり身をさえ土に返すべければ」。こういうようなものが仮に集まって、われわれの存在ができていると、そう考えられる。

無明《むみょう》もなく、また、無明の尽くることもなし。乃至《ないし》、老も死もなく、また、老と死の尽くることもなし。苦《く》も集《しゅう》も滅《めつ》も道《どう》もなく、智もなく、また、得もなし。得る所なきを以ての故に。

さらに、われわれの存在をふりかえってみますと、縁起《えんぎ》説というもので説明されることがある。とくに十二の項目を立てますので、それを十二縁起と申しますが、その根本には無明《むみょう》、すなわち迷いがある、明らかならず、迷っている。そして、迷いにもとづいてわれわれは生存し、そして、老い、ついに死ぬわけであります。けれども、高い立場から見ると、それは一つの局面についてあるだけのことであって、全体としては無明ということもなく、また、無明が尽きてさとりを開くということもない。老い、死ぬということもないし、また老いや死がなくなることもない。

さらに、苦《く》・集《しゅう》・滅《めつ》・道《どう》もないという。仏教では「四諦《したい》」(四つの真理)といって、苦・集・滅・道を説きます。われわれはいま苦しんでいる、これが「苦」ですね。その苦しみの奥には苦しみのもとがある。これを「集」といいます。けれども、その苦しみをなくした境地がある、それが「滅」である。そこに行くための道があり、それが「道」であるという。この「四諦」を説くのですが、高い立場から見れば、何も分けて説く必要はない。さとる智慧というものもなければ、何かを得るということもないのだというのです。何も得るところがない。

菩提薩埵《ぼだいさった》は、般若波羅蜜多に依るが故に、心に罣礙《けいげ》なし。罣礙なきが故に、恐怖あることなく、〔一切の〕顚倒《てんどう》夢想を遠離《おんり》して涅槃《ねはん》を究竟《くきょう》す。
三世《さんぜ》諸仏《しょぶつ》も般若波羅蜜多に依るが故に、阿耨多羅三藐三菩提《あのくたらさんみゃくさんぼだい》を得たまえり。

「菩提薩埵《ぼだいさった》」の「菩提」は「さとり」、「薩埵」は「生きもの」「人」という意味ですから、「真実の求道者」「道を求める人」という意味になります。略して「菩薩」です。この真実の道を求める人は、般若波羅蜜多＝完全な智慧によるがゆえに、心にさわりがない。さわりがないから何かを恐れるということもない。そこで、一切の顚倒した、まちがった妄想を離れて、涅槃《ねはん》(ニルヴァーナ)＝究極の境地を体得することになる。
「三世諸仏」とは、過去・現在・未来の三つの時期のもろもろの仏さまのことです。

仏教では、仏さまは一人じゃないわけで、無数にましまします。その仏さまがたもみな、般若波羅蜜多によるがゆえに、「阿耨多羅三藐三菩提《あのくたらさんみゃくさんぼだい》」、つまり無上の正しいさとりを得られたというのですね。「阿耨多羅三藐三菩提」とは、アヌッタラー・サムヤックサンボーディ(anuttarā samyaksaṃbodhiḥ)というもとのことばを、音で写したのです。アヌッタラーとは「無上の」という意味で、サムヤックサンボーディは「正しいさとり」ということです。特別の意味がありますから、漢字にはなかなか訳しにくいというので、もとの音をそのまま写したわけです。

故に知るべし、般若波羅蜜多はこれ大神呪《だいじんしゅ》なり。これ大明呪《だいみょうしゅ》なり。これ無上呪《むじょうしゅ》なり。これ無等等呪《むとうどうしゅ》なり。よく一切の苦を除き、真実にして虚《こ》ならず。故に般若波羅蜜多の呪を説く。すなわち呪を説いて曰わく、

掲帝《ぎゃてい》　掲帝《ぎゃてい》　般羅掲帝《はらぎゃてい》　般羅僧掲帝《はらそうぎゃてい》　菩提僧莎訶《ぼじそわか》

こういうわけだから、このように知りなさい、「般若波羅蜜多はこれ大神呪《だいじんしゅ》なり。これ大明呪《だいみょうしゅ》なり。これ無上呪《むじょうしゅ》なり。これ無等等呪《むとうどうしゅ》なり」と。この般若波羅蜜多という

真実の智慧は不思議な力がある、これは偉大な智慧のことばであるというわけです。サンスクリットの原語で見ますと、「咒」はマントラ(mantra)ということばを使っております。これはもともと、ヴェーダの祭のときに唱える文句を言ったのです。そのマントラということばをここへとりまして、ほんとうに力のあるものは何か、それは般若のさとりであるという立場から、「大神咒」「大明咒」というぐあいに讃《たた》えているのであります。

それからこれはまた「無上咒」、すなわち無上のことばである。また、「無等等咒」であるといいます。この「無等等」ということばは仏典によく出てきます。よく行なわれている解釈は、「無等」とは「等しいものがない」「類がない」ということで、つぎの「等」は「平等」「円満」を意味するというものです。そして、「無上咒」のほうは本性を示し、智慧の智をあらわす、「無等等咒」のほうは仏性、仏となりうる可能性を示し、慈悲をあらわす、というふうに解釈されております。つまりは、般若波羅蜜多というものは不思議な力があるということを讃えているのです。だから、一切の苦しみを除き、真実にして、虚妄《きょもう》ではないというのです。

「掲帝《ぎゃてい》」以下は、もとのサンスクリットの原音で申しますと、ガテー　ガテー　パ

ーラガテー　パーラサンガテー　ボーディ　スヴァーハーです。これはもちろん、訳すこともできます。最初のガテー　ガテーは「往《ゆ》ける者よ、往ける者よ」という呼びかけ。パーラは彼岸《ひがん》のことですから、パーラガテーは「彼岸に往ける者よ」。パーラサンガテーは「彼岸に全《まった》く往ける者よ」。ボーディは「さとりよ」ということになります。最後のスヴァーハーということばはヴェーダの祭でよく使うことばです。それがここに取り入れられたのですが、「幸あれ」「幸あれかし」と訳すことができるかと思います。

漢字に訳すとなかなか趣意がうまく伝わらない。むしろ、不思議な力を保つためには訳さないほうがいい。それで、このように音だけを写して、ここに記されたのでしょう。

この『般若心経』は、「空」というものの究極の境地をじかにぶっつけに述べていて、空の境地を身につけたならば、不思議なすばらしい力があらわれるという趣意を伝えているのです。

なお、ここであらためて、サンスクリット原文から現代語訳したものを掲げておきましょう。

全知者である覚った人に礼したてまつる。

求道者にして聖なる観音は、深遠な智慧の完成を実践していたときに、存在するものには五つの構成要素があると見きわめた。しかも、かれは、これらの構成要素が、その本性からいうと、実体のないものであると見抜いたのであった。

シャーリプトラよ、

この世においては、物質的現象には実体がないのであり、実体がないからこそ、物質的現象で〔あり得るので〕ある。

実体がないといっても、それは物質的現象を離れてはいない。また、物質的現象は、実体がないことを離れて物質的現象であるのではない。

〔このようにして、〕およそ物質的現象というものは、すべて、実体がないことである。およそ実体がないということは、物質的現象なのである。

これと同じように、感覚も、表象も、意志も、知識も、すべて実体がないのである。

シャーリプトラよ。

この世においては、すべての存在するものには実体がないという特性がある。生じたということもなく、滅したということもなく、汚れたものでもなく、汚れを離れたものでもなく、減るということもなく、増すということもない。

それゆえに、シャーリプトラよ、

実体がないという立場においては、物質的現象もなく、感覚もなく、表象もなく、意志もなく、知識もない。眼もなく、耳もなく、鼻もなく、舌もなく、身体もなく、心もなく、かたちもなく、声もなく、香りもなく、味もなく、触れられる対象もなく、心の対象もない。眼の領域から意識の領域にいたるまでことごとくないのである。

〔さとりもなければ、〕迷いもなく、〔さとりがなくなることもなければ、〕迷いがなくなることもない。こうして、ついに、老いも死もなく、老いと死がなくなることもないというにいたるのである。苦しみも、苦しみの原因も、苦しみを制することも、苦しみを制する道もない。知ることもなく、得るところもない。それ故に、得るということがないから、諸の求道者の智慧の完成に安んじて、人は、心を覆われることなく住している。心を覆うものがないから、恐れがなく、顚倒した心を遠く離れて、永遠の平安に入っているのである。過去・現在・未来の三世にいます目ざめた人々は、すべて、智慧の完成に安んじて、この上ない正しい目ざめを覚り得られた。それゆえに人は知るべきである。智慧の完成の大いなる真言《しんごん》、大いなるさとりの真言、無上の真言、無比の真言は、すべての苦しみを鎮めるものであり、偽りがないから真実であると。その真言は、智慧の完成において次のように説かれた。

ガテー　ガテー　パーラガテー　パーラサンガテー　ボーディ　スヴァーハー

(往ける者よ、往ける者よ、彼岸に往ける者よ、彼岸に全く往ける者よ、さとりよ、幸あれ。)

ここに、智慧の完成の心が終った。

実践の心構え——『金剛般若経』

つぎに『金剛般若経』の検討に移ります。この経典では、空《くう》の思想(空観《くうがん》)の立場に立って実践の心がけを述べている、というのが重要です。

この経典によると、われわれの日常の実践、行ないというものは空の思想に基礎づけられたものでなければならない、というのです。ことにこの経典のなかにある「応《おう》無所住而生其心《むしょじゅうにしょうごしん》」(「住するところ無くしてその心を生ずべし」)ということばは重要です。われわれは何かにこだわったり、とどこおる傾きがある。しかし、何らとどこおることなくして真実の心、さとりの心を起こすべきであるというのです。

このことばについては、有名な話が伝えられています。禅宗を確立されたのは六祖《ろくそ》慧能《えのう》という中国の方ですが、かれは家が貧しくて、母を養いながら、薪《たきぎ》を切って町に持って行って、それを売りながら暮らしておりました。町に出て歩いていると、ふと『金剛般若経』を人が唱えていた。その唱えているのをじっと聞いていたら、「応無所住而生其心」という。このことばを聞いて、ハーッと心打たれたのですね。そこで自分は出家しようと思い、お母さんのことをよく考えて、あとの処置をしまして、禅僧となった。そういう話があります。

さて、この『金剛般若経』は非常に長い経典ですから、簡単には申しにくいのですが、概略的にはこういうことが言われております。

道を求める人、つまり菩薩は無量《むりょう》無数《むしゅ》無辺《むへん》の衆生《しゅじょう》を救うが、しかし、自分が衆生を救ったと思ったならば、それはほんとうの求道者ではない。かれにとっては救うものも空であり、救われる衆生も空であり、救われて到達する境地も空である。――

仏さまはどこにいましますか、仏さまの身体の姿でもって仏さまを見てはならない。いかなる相も、これは結局、無常なのだから、だからみな虚妄である。もろもろの相は相に非ずと見るならば、すなわち如来《にょらい》を見る。仏を見ることになる。――

この仏さまには特定の教えというものがない。教えというものは筏《いかだ》のようなものである。衆生を導くという目的を達したならば、捨て去らねばならない。教義にとらわれて争うなどということは、これは浅ましいことである。――

こういう実践的認識を智慧の完成、プラジュニャーパーラミター、般若波羅蜜多と称するのである。――

そういう趣旨のことがいろいろと説かれているのです。

この漢訳としては、鳩摩羅什《くまらじゅう》という西域からきたお坊さんのものが有名です。鳩摩羅什はサンスクリットの名前はクマーラジーヴァといい、だいたい四～五世紀にかけての人ですが、三百余巻に及ぶ経典を漢訳したといい、とくに文章が名文で知られていました。その訳された『金剛般若波羅蜜経』を、漢文の書き下しでご覧いただきましょう。あわせて、わたしのサンスクリット原文からの訳を掲げることにいたします。

さて、出だしは次のようになっています。

かくの如く我聞けり。一時《あるとき》、仏、舎衛《しゃえ》国《こく》の祇《ぎ》樹給孤《じゅぎっこ》独園《どくおん》に在《い》まして、大比《び》丘《く》衆《しゅ》千二百五十人とともなり。その時に世尊は、食時《じきじ》に衣《え》を著《つ》け、鉢《はつ》を持して、舎衛大城に入りて食を乞い、その城中において次第に乞い已《おわ》って、本処《ほんじょ》に還り、飯《はん》を食し訖《おわ》って、衣《え》鉢《はつ》を収め、足を洗い已り、座を敷きて坐したまいき。時に長老須菩《しゅぼ》提《だい》は、大衆《だいしゅ》の中に在り、すなわち、座より起《た》ちて、偏《ひと》えに右の肩を袒《はだぬ》ぎ、右の膝を地に著け、合掌恭敬《くぎょう》して、仏に白《もう》して言う、

「希有《けう》なり、世尊よ、如来はよくもろもろの菩薩を護念《ごねん》し、よくもろもろの菩薩に付嘱《ふぞく》したもう。世尊よ、善男子《ぜんなんし》善女人《ぜんにょにん》、阿耨多羅《あのくたら》三藐三菩提《さんみゃくさんぼだい》の心を発《おこ》さんに、まさに、いかんが住すべき、いかんがその心を降伏《ごうぶく》すべきや」と。仏言いたもう、

「よいかな、よいかな、須菩提よ、汝《なんじ》の説く所の如く、如来はよくもろもろの菩薩を護念《ごねん》し、よくもろもろの菩薩に付嘱《ふぞく》す。汝、今、諦《あきら》かに聴け、まさに汝のた

めに説くべし。善男子善女人、阿耨多羅三藐三菩提の心を発さんに、まさにかくの如く住し、かくの如くその心を降伏すべし」。「唯《いい》、然り、世尊よ、願わくは聴かんと欲す」。

最初に「かくの如く我聞けり」(「如是我聞《にょぜがもん》」)、これはお経の初めにある決まり文句です。お経は多く、「如是我聞」ではじまり、説法の時と場所・聴衆を述べて、内容に入るかたちになっています。

あるとき仏さまは、「舎衛国《しゃえこく》」(サーヴァッティー)の「祇樹給孤独園《ぎじゅぎっこどくおん》」(ジェータ林)にいらっしゃった。これは「祇園《ぎおん》」と呼ばれ、ジェータ太子という人の所有であったものを、〈孤独なる人々に食《しょく》を給する長者〉といわれるスダッタが買い求めてブッダに寄進した園です。このことはすでに詳しく述べました(第一巻、九四頁以下参照)。今日行ってみても、まことに涼しの森です。

ブッダはそこに、お坊さんがた一二五〇人とともにいたのですね。托鉢《たくはつ》をして、そしてもとのところへ帰ってこられたとき、長老の須菩提《しゅぼだい》という人が仏さまに、恭《うやうや》しく「正しいさとりをひらくにはどうしたらいいか、どうかお教えください」と申し上げたわけです。この須菩提という人は、もとのことばでスブーティといいます。この人がブッダから空の境地の教えを受けた。その教えの内容がこの経典のなかで説かれるのです。

仏、須菩提に告げたもう、

「もろもろの菩薩《ぼさつ》・摩訶薩《まかさつ》は、まさにかくの如くその心を降伏すべし。

「あらゆる一切衆生の類《たぐい》、もしは卵生《らんしょう》、もしは胎生《たいしょう》、もしは湿生《しっしょう》、もしは化生《けしょう》、もしは有色《うしき》、もしは無色《むしき》、もしは有想《うそう》、もしは無想《むそう》、もしは非有想、もしは非無想なるもの、われ、皆、無余涅槃《むよねはん》に入れて、これを滅度《めつど》せしむ。かくの如く無量《むりょう》無数無辺《むしゅむへん》の衆生を滅度せしめたれども、実には衆生の滅度を得る者無し」と。何を以ての故に。須菩提よ、もし菩薩に、我相《がそう》・人相《にんそう》・衆生相《しゅじょうそう》・寿者相《じゅしゃそう》あらば、すなわち、菩薩に非ざればなり。」

ここに「もろもろの菩薩《ぼさつ》・摩訶薩《まかさつ》」とありますが、「菩薩」はすでに申したように「道を求める人」、「摩訶」は「偉大な」、「薩」は「人」ですから、「菩薩・摩訶薩」とは「道を求める人」「偉大な人」という意味です。

ブッダは、かれらはこういう心を起こさなければならないと言います。生きとし生けるものすべてを、「無余涅槃《むよねはん》」＝悩みのない永遠の平安の境地に導き入れなければならない。しかし、このように、無数の生きとし生けるものを永遠の平安に導き入れても、実はただひとりとして、永遠の平安に導き入れられたものはない、と。

これはどういうことかというと、実体としての生きものが実存すると思ってはならないということなのです。固定した生きものというものがあって、それが完全な涅槃の境地に入るのだ、と思うのは、すでに執著《しゅうじゃく》のある証拠で、もしそういうような執著を起こす人がいるならば、それはほんとうの求道者とはいえないというのですね。つまり、「我相」(自我の観念)、「人相」(個人という観念)、「衆生相」(生きているものという観念)、「寿者相」(個体という観念)があるなら、道を求める人とはいえない。

「また次に、須菩提よ、菩薩は法においてまさに住する所無くして布施《ふせ》を行ずべし。いわゆる、色《しき》に住せずして布施し、声《しょう》・香《こう》・味《み》・触《そく》・法《ほう》に住せずして布施するなり。須菩提よ、菩薩はまさにかくの如く布施して相に住せざるべし。何を以ての故に。もし菩薩、相に住せずして布施せば、その福徳は思量《しりょう》すべからざればなり。」

これを、サンスクリット原文から翻訳しますと、次のようになります。

「ところで、また、スブーティよ、求道者はものにとらわれて施しをしてはならない。なにかにとらわれて施しをしてはならない。形にとらわれて施しをしてはならない。声や、香りや、味や、触れられるものや、心の対象にとらわれて施しをしてはならない。

このように、スブーティよ、求道者・すぐれた人々は、跡をのこしたいという思いにとらわれないようにして施しをしなければならない。

それはなぜかというと、スブーティよ、もしも求道者がとらわれることなく施しをすれば、その功徳が積み重なって、たやすくは計り知られないほどになるからだ。」

ここにある「菩薩は法においてまさに住する所無くして布施を行ずべし」は、とくに重要なことばです。何かにとらわれることなくして、人にものを与えることを行なえというのです。この場合に「三輪清浄《さんりんしょうじょう》」ということを仏教ではいいます。つまり、施し与える主体と、それを受け取る人、そのあいだに渡されるもの、その三つが清らかでなければならないのです。

現代の生活にもとづいて申しますならば、「おれがあの男にこういうことをしてやったんだ」といった思い上がりやこだわりがあると、与えたものとか、援助とかいうものは清らかではない。清らかな、屈託《くったく》のない境地で、人のために尽くすべきである、こういうことを説いていまして、これはその後、大乗仏教の実践の基本となります。この「三輪清浄」の教えは現代でも大きく意味をもっていると信じます。

このようにして、須菩提(スブーティ)との問答がすすみます。

つぎの問答も、般若経典の思想を示すものとして重要です。

「須菩提よ、意《こころ》においていかに。菩薩は仏土を荘厳《しょうごん》するや、いなや。」「いななり、世尊よ。何を以ての故に。」「仏土を荘厳すというは、すなわち、荘厳に非ざればなり。これを荘厳と名づくるなり。この故に須菩提よ、もろもろの菩薩・摩訶薩は、まさに、かくの如く、清浄《しょうじょう》の心を生ずべし。まさに色に住して心を生ずべからず。まさに声香味触法に住して心を生ずべからず。まさに住する所無くして、しかもその心を生ずべし。」

サンスクリット原文からの訳では、次のようになります。

師は言われた――「スブーティよ、もしも、ある求道者が、「わたしは国土の建設をなしとげるだろう」と、このように言ったとすれば、かれは間違ったことを言ったことになるのだ。それはなぜかというと、スブーティよ、如来は〈国土の建設、国土の建設というのは、建設でないことだ〉と説かれているからだ。それだからこそ、〈国土の建設〉と言われるのだ。

それだから、スブーティよ、求道者・すぐれた人々は、とらわれない心をおこさなければならない。何ものかにとらわれた心をおこしてはならない。形にとらわれた心をおこしてはならない。声や、香りや、味や、触れられるものや、心の対象、にとらわれた心をおこしてはならない」。

「まさに住する所無くして、しかもその心を生ずべし」、この一句は古来有名で、日本では歌題とされたこともあります。これはたとえば、愛して愛にとらわれず、憎んで憎しみにとらわれない、そのような境地をいうのです。

さて、『金剛般若経』は、次のように結びます。玄奘三蔵訳の書き下し文と、サンスクリット原文からの訳の両方を掲げましょう。

「いかにして人のために演説《えんぜつ》するや。相《そう》を取らざれば、如如《にょにょ》にして不動なり。何を以ての故に。
一切の有為法《ういほう》は、夢・幻・泡・影の如《ごと》く
露の如く、また、電《いなずま》の如し。
まさにかくの如き観を作《な》すべし。」

仏は、この経を説き已《おわ》りたまえり。長老須菩提、および、もろもろの比丘《びく》・比丘《びく》尼《に》・優婆塞《うばそく》・優婆夷《うばい》、一切の世間の天・人・阿修羅《あしゅら》は、仏の説きたもう所を聞きて、皆、大いに歓喜《かんぎ》し、金剛般若波羅蜜経を信受し、奉行《ぶぎょう》せり。

「それでは、どのように説いて聞かせるのであろうか。説いて聞かせないようにすればよいのだ。それだからこそ、〈説いて聞かせる〉と言われるのだ。
　現象界というものは、
星や、眼の翳《かげ》、燈《とも》し火や、
まぼろしや、露や、水泡《うたかた》や、
夢や、電光や、雲のよう、
そのようなものと、見るがよい。」
師はこのように説かれた。スブーティ上座は歓喜し、そして、これらの修行僧や尼僧たち、在家の信者や信女たち、また、〔これらの求道者たちや、〕神々や人間やアスラは、仏の説かれたことを聞いて、皆、大いに喜び、『金剛般若波羅蜜経』を信じて受けとり、実行した。

第13回

現実生活の肯定

──『維摩経』

交脚文殊菩薩　五台山・顯通寺，山西省．明代．

『維摩経』(*Vimalakīrti-nirdeśa-sūtra*)は、般若経典に次いで古く、初期大乗経典の代表作の一つ。近年サンスクリット原本がチベットで発見された。そのほか三種の漢訳と一種のチベット訳が現存する。鳩摩羅什の漢訳『維摩詰所説経』(三巻)が最も広く読まれている。維摩詰(ヴィマラキールティ)という長者、つまり在家の人物が主人公として、大乗思想の核心を説きつつ、出家の仏弟子や菩薩の伝統的な考えを鋭く論破していく様子が、文学性豊かに描写されている。

『大乗仏典第七巻』(長尾雅人・丹治昭義訳、中公文庫)に、全文が収録されている。

『維摩経《ゆいまきょう》』は大乗仏教の経典のうちでも、とくに有名な異色のものです。いわゆる伝統的・保守的仏教をおさえて大乗仏教の精神を高めるという立場をとっており、その中心思想を一語で言えば、現実生活の肯定ということです。

このお経はおそらく、西暦一世紀から二世紀ぐらいにつくられたものだろうと、学者は推定しております。そのサンスクリット原本は平成十一年七月高橋尚夫によってポタラ宮の経蔵で発見されました。

漢訳が三つあり、チベット訳も伝えられております。漢訳では、『金剛般若経』でもふれた鳩摩羅什《くまらじゅう》(クマーラジーヴァ)の訳がとくに有名です。鳩摩羅什の訳は、文章が名文で、人を惹きつけるものがあるのですが、ほかの訳に比べると、現実肯定的な態度がとりわけはっきり出ていることも特徴です。

『維摩経』はアジア諸国において尊ばれましたが、ことにお隣りの中国とか、あるいはわが国では昔から非常に重んぜられて、しばしば講義が行なわれ、注解がなされました。日本人の精神生活に対する影響も非常に大きく、聖徳太子がこの『維摩経』

を講義して、『勝鬘経《しょうまんぎょう》』『法華経《ほけきょう》』とあわせた『三経義疏《さんぎょうぎしょ》』という注解書・解説書を著したと伝えられています。ちなみに、この『三経義疏』は、わが国で著された書物のなかでいちばん古いものではないでしょうか。つまり、書物のかたちで残された日本精神文化の発端に、『維摩経』の注釈があるわけですね。

新しい宗教運動の経典

さて、大乗仏教とは、民衆のあいだからあらわれ出た新しい宗教運動で、もとのことばでマハーヤーナ(Mahāyāna)といいます。マハーは「大きい」、ヤーナは「乗物」という意味です。これはみずから称した名称で、従来の保守的な仏教のことをヒーナヤーナ(Hīnayāna)と呼びました。ヒーナとは「捨てられた」「劣った」という意味です。つまり、それまでの仏教を、昔からの伝統的・保守的な教団の説く教えをそのまま守っている、古めかしい教えとして、それを小乗仏教と呼んで批判し、みずからを大乗仏教と称したのです。

大乗仏教は初期におきましては荘園のようなものをもっていませんでした。もっぱら、民衆の熱烈な信仰、信念に支えられていたのです。

大乗仏教成立後、いろいろ新しい経典がつくられましたが、そのうち最初にあらわれ出たであろうと考えられているのが、前回にご紹介した般若経典です。そして、この新しい宗教運動のひとつの顕著な傾向は「在家《ざいけ》仏教」、つまり、家にある人々の仏教、世俗の生活のなかで仏教を打ち立てるという動きでした。家庭のうちにあり、世俗の職業を追求しながら、そのなかに仏教の精神を生かしていこうという運動です。その動きを示した代表的な経典が、『維摩経』なのです。

なぜ、このような経典ができてきたか。その理論的な根拠を考えてみますと、前回に申し上げましたように、大乗仏教ではあらゆる事象の空《くう》ということを説く。つまり、いかなるものにもとらわれない。そうすると、そこからの論理必然的な結論として、こういうことが言えるのです。「われわれは迷いの世界にいる、輪廻《りんね》のうちにある。かなたに涅槃《ねはん》(ニルヴァーナ)の理想の境地がある。けれども、よく考えてみると、どちらも本質においては空である。空であるからこそ、目的を達成することができる。本質は異ならぬものである」と。

そう考えますと、「われわれの現実の日常生活が、そのまま、理想的な境地としてあらわし出されねばならない」ということになります。理想の境涯は、われわれの迷いの生存を離れては存在しえない。「この世の中はいやになった」と思っても、この世の中を離れて、理想の境地というものが別にあるわけではないのです。理想の境地をめざす動き、空の実践は慈悲《じひ》行となってあらわれますが、それは現実の人間生活を通じて実現されるものであります。

この立場を徹底させますと、ついに出家の生活を否定して、在家の世俗の生活のなかに仏教の理想を実現しようとする動きが出てきます。それが『維摩経』のなかに説かれているのです。つまり『維摩経』は、いわば在家仏教を説いた代表的な経典なのです。

「維摩詰」という主人公

『維摩経』は正確には『維摩詰所説経《ゆいまきつしょせつきょう》』といいます。「維摩詰」とは、このお経の主人公の名前で、もとのことばでヴィマラキールティ(Vimalakīrti)という音を写したものです。ヴィマラとは「汚れを離れた」「清らかな」という意味で、しばしば「無垢」

と訳します。キールティは「誉れ」「名誉」。そこで、ヴィマラキールティを「浄名」「無垢称」という具合に訳したりします。

この主人公は「維摩《ゆいま》居士《こじ》」と呼ばれていますが、「居士」は、もとのことばでグリハパティ(gṛhapati)といい、在家の家の主という意味です。これは、ただ単に、「戸主」「家の主」というだけではなく、一定の資産を持ち、社会的な信用もあり、尊敬されているような人をいうのです。お戒名でよく「何々居士」とつけたりしますが、あれはここに由来するのです。

この人はまた、この経典では「長者《ちょうじゃ》」と呼ばれています。日本でいう「長者」は単なるお金持ちの意味だったりしますが、これは、もとのことばでシュレーシュティン(śreṣṭhin)といい、昔のインドで、商工業者のつくったギルドの頭領・指導者・組合長のことです。それを漢訳では「長者」と訳したわけです。

さて、この人はガンガー(ガンジス)河の北、ヴェーサーリー(漢訳「毘耶離《びやり》」)という都市に住んでいた大富豪だといいます。この都市では、ヴァッジという貴族たちが中心になって、ブッダの時代から共和政治が行なわれていました。ブッダの時代、インドにはだいたい王国が多かったのですが、若干は共和政治の国々でした。このことはギリシア人の旅行記などにも出ています。ヴァッジ族が支配するこのヴェーサーリーの国はまさにそれだったのです。

仏典によりますと、この国では合議制によって政治が行なわれており、その指導者は選挙によって選ばれておりました。また、この都市は商業都市で、いろいろな民族がそこへ集まってきていました。総じて、商業に従事している人のものの考え方は自由主義的なところがあり、この都市でもそうだったのでしょう。伝統的な仏教に束縛されない、非常に緩やかな自由主義的な動きが教団のなかにも出てきていて、保守的な仏教に対する批判的精神がずっと続いていた。

この経典の立役者である維摩居士は、つねに仏さまを拝んで仏道に達していたというのですが、かれには妻子があり、まったく世俗の人です。けれども、決して欲望にとらわれない。財産は非常に多く持っていたのですが、それを人々に施して、貧しい人々を救っていた。ときには政治にも興味をもっていろいろと口出しをしていましたが、人々を救うことに努めていた。ときには、お経では「淫舎《いんしゃ》」と書いてありますが、淫らな家、遊蕩《ゆうとう》の巷《ちまた》、酒を売るようなところへも出かけていって、教えを説いた。でも、自分は決してそれに巻き込まれることがなかった、というのです。

文殊菩薩が見舞いに行く

さて、この維摩居士は、すべての人々をそれぞれ人に応じた導き方をしており、あるとき、方便《ほうべん》によって病気となり、見舞いにきた人々に法を説いたということになっております。

かれが病気になったと聞いて、かれの家に、国王・大臣・長者・資産者・バラモン、そのほか大ぜいの王子、お役人、眷属《けんぞく》など、幾千人とも数えきれぬほど多くの人がお見舞いにいきます。ブッダもまた、弟子および菩薩たちに、維摩詰をお見舞いに行くようにと命じます。

ところが、みなが尻込みしたというのですね。まず第一に命ぜられたのは、ブッダの第一の門弟といわれる舎利弗《しゃりほつ》(シャーリプトラ)なのですが、自分は維摩詰は苦手だという。なぜかというと、かれはこう言います。自分がかつて林の下で坐禅を組んで瞑想《めいそう》を行なっていたとき、維摩詰がやってきて、こう言った。「ああ、こうやって正座して瞑想している。これはほんとうの意味の坐禅じゃない。ほんとうの意味の坐禅というものは、人として行なうべきことをなおざりにしないで、凡夫《ぼんぶ》の働きをあらわすことなのだ。われわれ人間は煩悩をもっているけれど、それを断じないで、涅槃（ニルヴァーナ）の究極の境地に入る。それこそほんとうの坐禅で、これが仏さまの趣旨である」と説いた。そしてこのとき、舎利弗は何も答えられなかった。だから苦手だというわけです。

この維摩詰のことばは、われわれに大いに訴えるものがあります。お互いに現実の社会において非常に忙しい生活を送っているわけですが、この騒がしい生活から逃げ出したい、都会から逃げたいなと思うことも多いでしょうが、しかし、みんなが都会を逃げ出してしまったのでは、世の中は動いていきません。やはり騒がしいなかでも、ジッと人間としてのなすべき事柄を心を落ちつけて行なうことが大事でしょう。その点を維摩詰は衝いたのです。

維摩詰は別のところで、次のようにも説いています。「われわれはいろいろの感情・欲望をもっているが、それを断ち切ったところに理想があるのではない。それを適切に導くことにある」と。ブッダのお子さんで、のちに出家したラーフラという人が維摩詰を訪ねてきたときには、「出家ということには功徳がない。何にもためになることがない。さとりを求めるほんとうの心、これを起こすのが出家である」、そういう具合に教えました。

また、光厳童子《こうごんどうじ》という人は、維摩詰を訪ねたとき、維摩詰に「あなたはどこから来たか」と問われ、「わたしは道場から来た」と答えると、「まっすぐな心を人がもっているならば、これが道場、さとりを実現する場所である。それが真実のあり方である」と言われ、やり込められてしまった。

つまり、誰もがやり込められたものだから、みな、見舞いに行くのを尻込みした。そうするとブッダは、文殊師利《もんじゅしり》に向かって「それではあなたが見舞いに行きなさい」と言います。文殊師利とは、世間でいう「文殊さま」のことですが、もとのことばでマンジュシュリー(Mañjuśrī)といい、その音を写したのです。マンジュは「やわらかな」、シュリーは「めでたい」「幸せ」というような意味です。訳しにくいものですから、発音どおりに写して「文殊師利」と書きますが、この人は智慧の菩薩です。今日わが国でも、人々は文殊さまを拝んで、智慧を授かりたいと願っていますね。

この文殊菩薩と維摩居士とが、この経典の立役者です。ともかく、こうして文殊菩薩が維摩詰のお見舞いに行くことになりました(「文殊師利問疾品《もんしつぼん》第五」)。

その時仏文殊師利《ほとけもんじゅしり》に告げたまわく、「汝行《なんじゆい》て維摩詰《ゆいまきつ》に詣《いた》り疾《やまい》を問え」と。文殊師利は白《もう》して言わく、「世尊《せそん》彼《か》の上人《しょうにん》は酬対《しゅうたい》をなし難《がた》し、深く実相《じっそう》に達しよく法要を説き、弁才《べんさい》滞りなく智慧無礙《ちえむげ》なり。一切菩薩《いっさいぼさつ》の法式《ほうしき》ことごとく知り、諸仏の秘《ひ》蔵得入《ぞうとくにゅう》せざるなし。衆魔《しゅま》を降伏《ごうぶく》し、神通《じんずう》に遊戯《ゆげ》し、その慧《え》方便《ほうべん》皆已《すで》に得度《とくど》す、然《しか》りといえどもまさに仏の聖旨《しょうし》を承《う》けて彼《かれ》に詣りて疾を問うべし」。

ここにおいて、衆中《しゅじゅう》の諸菩薩、大弟子《だいでし》、釈梵《しゃくぼん》、四天王等《してんのうとう》ことごとくこの念を作《な》す。今二大士《いまにだいし》文殊師利維摩詰と共に談ず、必ず妙法《みょうほう》を説かん。即時に八千の菩薩五百の声聞《しょうもん》百千の天人《てんにん》皆随従《ずいじゅう》を欲す。ここにおいて文殊師利諸《もろもろ》の菩薩大弟子衆《しゅ》および諸の天人と恭敬囲遶《くぎょういにょう》せられて毘耶離大城《びやりだいじょう》に入《い》る。

ブッダが文殊師利に「維摩詰のところに行って、見舞いを言いなさい」と命じたとき、文殊師利はこう答えます。「仏さま、あのすぐれた人はどうも応接しにくい。なぜなら、真実のすがたに達して、よく道理の要点を説いて、弁才とどこおりなく智慧もさわりがない。一切の菩薩のなすべき決まりをよく知っていて、もろもろの仏の秘密の教えの蔵のなかに自分で入っている。多くの魔をくだして、神通に遊び戯れ、その智慧と方便とはもうすでに得度の完全に達している。そういうわけではありますが、仏さまのご趣意を受けて、彼のところへ行き見舞いをいたしましょう」と。

「ここにおいて、衆中の諸菩薩、大弟子、釈梵、四天王等ことごとくこの念を作す」。「釈梵」とは帝釈天《たいしゃくてん》と梵天《ぼんてん》です。「四天王」は四つの方角を守る神々の主です。この人々はみな、このように思った、いまこれから、二人の偉い人、文殊さんと維摩とがお互いに話をする。必ず妙法、すばらしいことを説くであろうと。そうすると、「八千の菩薩」「五百の声聞《しょうもん》」「百千の天人」がすぐ、従っていきたいと願った。「菩薩」「声聞」は教えを忠実に実行する人たち、「天人」は神々と人間のことです。

こうして文殊師利は、もろもろの菩薩、大弟子衆およびもろもろの天人に敬われつつ囲まれて、ヴェーサーリーの大きな都に入っていきました。

維摩詰の説法

その時長者維摩詰《ゆいまきつ》心に念ず、今文殊師利《もんじゅしり》、大衆《だいしゅ》と倶《とも》に来《きた》ると、すなわち神力《じんりき》を以てその室内を空《むな》しくし、所有《しょう》および諸《もろもろ》の侍者《じしゃ》を除去し、ただ一床《いっしょう》を置き、疾《やまい》を以て臥《ふ》す。文殊師利その舎《しゃ》に入《い》り、その室《しつ》を見るに空しゅうして諸の所有《しょう》無く独り一床に寝《い》ぬ。

そのとき維摩詰は、文殊師利が大衆とともにやってくる気配を察したのですね。不思議な力をもって室内を空っぽにし、なかにあるものをどけて、侍者たちも全部立ち去らせて、ただ一つのベッドを置いておいた。そこに疾《やまい》だからといって、臥《ふ》していたのです。

文殊がその家のなかに入って、その部屋を見ると空っぽなのです。何もない。ただ一つのベッドがあり、維摩詰がそのベッドに寝ているだけ。アレッと思った。

そこで維摩詰は、文殊に対してこう言います。

時に維摩詰言わく、「善来《ぜんらい》文殊師利、不来《ふらい》の相《そう》にして来《きた》り、不見《ふけん》の相にして見る」。文殊師利言わく、「かくの如し、居士もし来り已《おわ》ればさらに来らず、もし去り已ればさらに去らず、所以《ゆえ》は何《いか》ん、来る者は従来《じゅうらい》する所無《ところな》し、去る者は至る所無し、見るべき所の者はさらに見るべからず」。

「善来《ぜんらい》」、これは歓迎のことばです。文殊さん、よくいらっしゃいました、というわけですが、続けてすぐ「不来の相にして来り、不見の相にして見る」。ここへ来たというけれど、実は来ていない、ここで見ているというけれども、実は見ていないのだ。とたんに禅問答のようなことを言うわけです。

そうすると、文殊はただちに「かくの如し」。「ああ、そのとおりです。もう来てしまったというなら、また来るということはない、また、去ってしまったならば、さらに去るということはない。なぜか。来るものは、そこから来る元のところというものをもっていない。去るものは去って行くところがない。見るべきところのものはさらに見ることができない」と答えたわけです。

ちなみにこれは、竜樹《りゅうじゅ》(ナーガールジュナ)という人が空の思想について書いた、『中《ちゅう》論《ろん》』という有名な典籍があるのですが、そこで展開されている論理です。

「しばらくこの事を置く。居士この疾《やまい》むしろ忍ぶべきや否や、療治損《りょうじそん》あって増すに至らざるや、世尊慇懃《いんぎん》に問《とい》を致す、無量《むりょう》なり、居士この疾何の因起《いんき》する所、その生ずること久しきや、まさに如何《いかん》が滅すべき。」

文殊は言います、「けれども、このことはしばらくやめておきましょう」。そして、お見舞いのことばを述べます。「療治すると、損ずることがあってかえって病勢が増すようなことはないかどうか。世尊は丁重にお見舞いをなさっている。この疾は何のところによって起こるのであるか、その疾が生じたのはずっと前からなのか。それをどうしたならば滅ぼすことができるか」。

疾はどうして起こったかということを聞かれて、維摩詰はこう答えます。

維摩詰言わく、「痴《ち》より愛《あい》あり、すなわち我が病生《やまい》ず。一切衆生《いっさいしゅじょう》の病を以てこの故に我れ病む、もし一切衆生不病《ふびょう》を得ば、すなわち我が病滅《めっ》す、所以《ゆえ》は何《いか》ん、菩《ぼ》薩衆生《さつしゅじょう》の為の故に生死《しょうじ》に入る、生死有ればすなわち病有り、もし衆生病を離るるを得ばすなわち菩薩また病むこと無し、譬《たと》えば長者唯一子《ただいっし》ありその子《こ》病を得れば父母また病む、もし子の病癒《い》ゆれば父母また癒ゆるが如し、菩薩もかくの如し、諸の衆生においてこれを愛すること子の如し、衆生病めばすなわち菩薩病む、衆生病癒ゆれば菩薩また癒ゆ」。

維摩詰は「われわれに根本の迷いがある。そこから愛執、執著が起こる、それにもとづいてわが病が生ずる」と言います。「一切衆生が病んでいる、だからわたしは病む。もし一切衆生にして病がないということになれば、病が滅びるならば、すなわちわたしの病も滅す」。なぜか。「菩薩は生きとし生けるもののためを思っているから、生きたり死んだりする迷いの世界に入っていくのだ。生死ある世界に入っていけば病がある。もし衆生の病がなくなれば、菩薩も病がなくなる」。つまり、人々と自分とが一体であるというわけですね。さらに続けて、「たとえば長者に一人っ子がいるとする。その子が病気になれば、父母も心配していっしょに病んでしまう。もし子どもの病が治ると、父母もホッとして病が治る。菩薩だってそのとおりである。菩薩が諸人を愛するというのは、子どもを愛するのと同じようなものである」。

「衆生病めばすなわち菩薩病む、衆生病癒ゆれば菩薩また癒ゆ」。これは大乗仏教の利他《りた》の精神といいますか、人々と一体になって進むというその精神がここに出ているのです。そして維摩詰はさらにこう言います。

また「この疾《やまい》は何の因起《いんき》する所」と言う。「菩薩の疾は大悲《だいひ》を以て起《おこ》る」、文殊師利言わく、「居士この室《しつ》何を以て空《くう》にして侍者《じしゃ》無きや」。維摩詰言わく、「諸仏国《しょぶっこく》土《ど》、またまた皆空《くう》なり」、また問う、「何を以て空となすや」、答て曰く「空を以て空なり」、また問う「空何《なん》ぞ空を用《もち》う」、答て曰く「無分別《むふんべつ》空を以ての故に空なり」。また問う、「空分別《ふんべつ》すべきや」、答て曰く「分別また空なり」。また問う「空まさに何《なに》において求《もと》むべき」。答て曰く「まさに六十二見《ろくじゅうにけん》の中《なか》において求むべし」。また問う、「六十二見まさに何において求むべき」、答て曰く「まさに諸仏解脱《げだつ》の中において求むべし」。また問う「諸仏の解脱何において求むべき」、答て曰く「一切衆生の心行中《しんぎょうちゅう》において求むべし」、また仁《なんじ》の問わるる、「「何《なん》ぞ侍者なき」とは、一切の衆魔《しゅま》および諸外道《しょげどう》皆吾《わ》が侍《じ》なり、所以は何ん、衆魔は生死《しょうじ》を楽しむ、菩薩は生死において捨てず、外道は諸見《しょけん》を楽しみ、菩薩は諸見に動かず」。

菩薩の疾は偉大な慈悲によって起こるのだというのですが、そこで文殊は聞きます。

「この部屋が空であって、お付きの人がいないのはどうしてなのか」と。すると維摩は、「いや、諸仏の国土もみな空なのです」と答え、今度は空についての議論が展開します。


「どうして空なのだ」

「いや、空であるから空なのだ」

「では、どうして空ということを言う必要があるのだ」

「究極は無分別である。対立を離れている。だから空である」

「では、その空ということは分別できるのかどうか」

「空ということを分別する、その分別の働きだってやはり空である」

「では、空はどこに求めるか」

「〈六十二見〉の中に求めなさい」……


こういうふうに議論が続きます。ここにある「六十二見」とは、世間にある、仏教の立場からみてまちがった見解のことです。けれども、そのまちがった見解の奥に、空がひそんでいるというのですね。つまり、いろいろまちがった見解もあるなどということを達観することによって、空の精神が体得されるのだというわけです。

そして、次に病の議論にいたります。

文殊師利言わく、「居士の疾《や》む所は何等《なんら》の相《そう》となすや」、維摩詰言わく、「我が病《やまい》形《かたち》無《な》し、見るべからず」。また問う、「この病は身《み》と合《がっ》するや、心《こころ》と合するや」、答て曰く、「身と合するに非《あら》ず、身相離《しんそうはな》るが故に。また心と合するに非ず、心は如幻《にょげん》なるが故に」。また問う、「地大《じだい》、水大《すいだい》、火大《かだい》、風大《ふうだい》、この四大《しだい》において何《いず》れの大《だい》の病ぞ」。答て曰く「この病は地大に非ず、また地大を離れず、水火風大《すいかふうだい》またまたかくの如し、しかも衆生の病は四大より起る、その病有るを以て、この故に我れ病めり」。

文殊が聞きます、「あなたは病気しているが、特質は何なのだ」と。そうすると維摩詰は、「わたしの病というものは何もかたちはない」。文殊「では、病は身と合致するか、心と合致するか」。そこで維摩詰は、「身と合するのでもなく、心と合しているのでもない。いろいろのものが集まってわれわれの存在が形成されているのだ、そこに病の根本がある。それを自分は達観しているから、ここに病を現じている」というのです。

天女の華のエピソード

こうして、われわれの存在というものは種々の要素から構成されていて、本質は固定的な実体がないということをずっと説きます。ことに「観衆生品第七《かんしゅじょうほん》」というところに、同じ趣旨の議論がずうっと展開されております。ここで「無住」、とどこおりがないということが根本であると説かれます。

そのあと続いて、次のような戯曲を思わせるような情景が展開されます。

時に維摩詰の室に一天女《いちてんにょ》あり、諸の天人《てんにん》を見、所説《しょせつ》の法を聞きてすなわちその身《み》を現してすなわち天華《てんげ》を以て諸の菩薩《ぼさつ》大弟子《だいでし》の上に散ず、華《はな》諸の菩薩に至ればすなわち皆堕落《みなだらく》す、大弟子に至れば、すなわち着《つ》きて堕《お》ちず、一切の弟子神力《じんりき》をもて華を去れども去らしむること能《あた》わず。

その時天女、舎利弗《しゃりほつ》に問う。「何が故ぞ華を去る」。答て曰く、「この華不如法《ふにょほう》なり、これを以てこれを去る」、天女曰く「この華を謂《おもう》て不如法となすこと勿《なか》れ、所以《ゆえ》は何《いか》ん。この華分別《ふんべつ》する所無し。仁者《なんじ》みずから分別の想《おもい》を生ずるのみ、もし仏法において出家《しゅっけ》し分別する所あるを不如法となす。もし分別する所無ければこれ如法《にょほう》なり、諸の菩薩を観《み》るに華の着《つ》かざるは已《すで》に一切の分別の想を断ぜるが故なり。譬《たと》えば人の畏《おそ》るる時非人《ひにん》その便《たより》を得《う》るが如し、かくの如く弟子、生死《しょうじ》を畏るるが故に色声香味触《しきしょうこうみそく》その便を得るなり、已に畏れを離れたるものは一切の五欲《ごよく》能《よ》くすることなし、結習《けつじゅう》いまだ尽きざれば華身に着くのみ、結習尽くる者は華着かざるなり」。

ときに維摩の部屋に一人の天女がいた。天女がその身をあらわして、そして天の華を散らした。そうすると、菩薩の上にかかった華はみな落ちた。ところが大弟子に華がかかると、くっついて離れない。華をとろうとしても去ることができなかった、というのです。これはつまり、伝統的、保守的仏教のお坊さんというものは、華などで飾ってはいけないということになっている。それにこだわっている、とらわれている。

だから華が堕ちない。ところが菩薩はそういうとらわれがない、だから華がそこへへばりつかないのだ、そういうエピソードとして、ここに語られているわけです。

不二法門の境地

『維摩経』は「入不二法門品《にゅうふにほうもんぼん》第九」で、いよいよクライマックスに達します。いままでの種々の論議によって、菩薩の求めるところは、分別を離れ、対立のない不二の境地であるということが明らかにされたわけです。そこで維摩詰は、そこに集まっておられた大ぜいの菩薩に向かって言います。

その時維摩詰衆《しゅ》菩《ぼ》薩《さつ》に謂て言わく、「諸《しょ》仁《にん》者《じゃ》如《い》何《かん》ぞ菩薩不《ふ》二《に》法門《ほうもん》に入《い》る。おのおの所《しょ》楽《ぎょう》に随《したが》ってこれを説け」。

「もろもろの人々よ、菩薩が不二の法門に入るというのはどういうことであるか。銘々の人が信じ、奉じているところに随って、これを説け」と呼びかけたわけですね。

そうすると——

会中《えちゅう》に菩薩あり、法自在《ほうじざい》と名づく。説いて言わく「諸仁者生滅《しょうめつ》を二《に》となす、法本《ほうもと》不生《ふしょう》なり。今すなわち滅無《めつな》し。この無生法忍《むしょうほうにん》を得る。これを不二法門に入るとなす」。

徳守《とくしゅ》菩薩曰く、「我《が》と我所《がしょ》とを二となす。我有るに因《よ》るが故に。すなわち我所有り。もし我有ること無ければすなわち我所無し。これを不二法門に入るとなす」。

不眴《ふじゅん》菩薩曰く。「受《じゅ》と不受《ふじゅ》とを二となす。もし法《ほう》受けざればすなわち不可得《ふかとく》なり。不可得を以ての故に、取《しゅ》無く捨《しゃ》無く、作《さ》無く行《ぎょう》無し。これを不二法門に入るとなす」。

徳頂《とくちょう》菩薩曰く、「垢浄《くじょう》を二となす。垢《く》の実性《じっしょう》を見るに、すなわち浄相《じょうそう》無し。滅相《めっそう》に順ず、これを不二法門に入るとなす」。

善宿《ぜんしゅく》菩薩曰く、「これ動《どう》、これ念《ねん》を二となす、不動《ふどう》なればすなわち念無し、念無ければすなわち分別なし、これを通達する者、これを不二法門に入るとなす」。

善眼《ぜんげん》菩薩曰く。「一相《いっそう》と無相《むそう》とを二となす。もし一相すなわちこれ無相なるを知れば、また無相を取らず、平等《びょうどう》に入る、これを不二法門に入るとなす」。

まず、法自在菩薩という人は、こう言います。「多くの人々は生滅を二とする、生じることと滅びること、その対立がある。けれども、法はもとより不生である。生じないものだ。いまはすなわち滅することもない。この生ずることがないというさとりを得る。これが不二の法門である」。

続いて、徳守菩薩という人は、こう言う。「自分と自分のもの、こういう二つの対立、これを離れることだ、これが不二の法門である」。

次々と似たような趣旨が述べられます。受と不受とを離れることである、いや、垢《く》と浄《じょう》、つまり汚れていることと清らかなこと、その二つを離れることだ、等々――

こうして三一人の人がずうっと自分の見解を述べまして、最後に文殊が答えを促された。あなたはどう考えるのか、と。そうすると文殊は――

「我意《わがい》の如きは一切の法において言《ごん》も無く、説《せつ》も無く、示《し》も無く識《しき》も無し。諸の問答を離る。これを不二《ふに》法門《ほうもん》に入るとなす」

文殊は「自分が考えたところによると、一切の法においてことばもなく、説もなく、示すこともなく、知ることもない、もろもろの問答を離れている、これが不二の法門である」と答えたわけです。

そこでいよいよ、文殊が維摩居士に促《うなが》します。みんな自分の思っていることを述べました、今度はあなたが言う番ですよ、いったい菩薩の不二の法門というのはどういうことですか、と。ところが、維摩詰は――

時に維摩詰黙然《もくねん》として言《ごん》無し。

つまり維摩詰は、ただ黙っているだけで、ことばにあらわすことをしなかったのですね。それで文殊はそのことに非常に感嘆するのです。

文殊師利歎《たん》じて曰く、「善哉《ぜんざい》、善哉、乃至《ないし》文字《もんじ》語言《ごごん》有ること無し。これ真《しん》に不二法門に入る。

この入不二《にゅうふに》法門品《ほうもんぼん》を説く時、この衆中《しゅうちゅう》において五千の菩薩皆不二法門品に入《い》って無生法忍《むしょうほうにん》(不生の真理をさとって安んずること)を得たり」。

「善哉《ぜんざい》、善哉」、ああ、すばらしい、すばらしい。「文字語言有ること無し。これ真に不二法門に入る」、ほかの人は対立を離れたことが不二の法門であるとか、ことばでいいあらわせないことが不二の法門であるとか言って、実はことばに出してしまった。ところが維摩はことばを発しないで、その身の内に不二の法門を具現している。ああ、これはすばらしいと思う、それでみんなが感嘆したというところで、この章が終わっているのです。

単にことばにあらわすところばかりではなくて、ことばに表現できない沈黙のなかに深い意味を読みとること、これはわれわれの精神文明のひとつの大きな伝統となっているのです。

第14回

女人の説法
──『勝鬘経』

尼僧の朝課　ゼ・ヤ・ティン・ギー寺院，マンダレー，ミャンマー．

『勝鬘経』(*Śrīmālādevī-siṃhanāda-sūtra*)は、在家の夫人である勝鬘が、ブッダのもとで十大誓願・三大願をたて、さらに正法についての自説を述べるというもの。女人の説法が経典となった珍しい例である。大乗経典中如来蔵思想を説く代表的作品の一つ。『維摩経』と並んで大乗仏教の在家主義を示す代表作と見なされ、わが国でも古くから尊重されてきた。サンスクリット原典は断片しか存在しないが、求那《ぐな》跋陀羅《ばっだら》(Guṇabhadra)による漢訳(紀元四三六年)のほか、チベット訳が現存する。

『仏典講座第一〇巻』(雲井昭善訳、大蔵出版)に、全文が収録されている。

『大乗仏典第一二巻』(高崎直道訳、中公文庫)はチベット訳からの邦訳。

『勝鬘経《しょうまんぎょう》』は女人の説法ということで、とくに注目される経典です。ブッダの面前において、国王のお妃である勝鬘夫人《しょうまんぶにん》がいろいろの問題について大乗の教えを説く、それに対してブッダがしばしば称讃のことばをはさみながら、その説法を「そうだ、そうだ」と是認するという筋書きです。在家《ざいけ》仏教、つまり出家しないで家にある人々が、仏教を実践し仏教の理想を実現しようとする動きは、前回の『維摩経』のところで申しましたが、それよりもやや後代にあらわれた『勝鬘経』のなかでも、はっきり出てきます。

『勝鬘経』は正しくは『勝鬘獅子《しょうまんしし》吼一乗大方便方広経《くいちじょうだいほうべんほうこうきょう》』といい、求那跋陀羅《ぐなばっだら》(Guṇabhadra グナバドラ)という人が四三六年に漢訳しました。サンスクリットの原名は『シュリーマーラーデーヴィー・シンハナーダ・スートラ』(*Śrīmālādevī-siṃhanāda-sūtra*)といいます。シュリーマーラーとは「めでたい花輪」「すぐれた花飾り」という意味で、それを漢字で「勝鬘」と訳しました。デーヴィーとは王さまのお妃のこと。つまり、勝鬘という王妃が獅子がほえるように、すべての人が救われるただ一つの偉大な教え、それを立派に方便をもって説いたお経ということですね。大乗仏教の精神を、華麗な芸術的表現をもって鼓吹《こすい》したわけです。

なお、チベット訳はありますが、原本は現在では失われております。しかし、のちの哲学書や教義学の書物のなかに、この経典の文句がサンスクリットで引用されていますので、重要な思想はある程度まで知ることができます。

『勝鬘経』の意義

シュリーマーラーつまり勝鬘夫人は、当時の大国コーサラ国の国王であったパセーナディ王と、そのお妃マッリカー夫人とのあいだの娘で、アヨーディヤーという国の王さまのもとに嫁に行きました。このアヨーディヤーは、北インドのほうのガンガー河の支流のほとりにあり、ヒンドゥー教の伝説で知られた有名な聖地です。現在でもヒンドゥー教のみごとな寺院がたくさん残っております。英雄ラーマ(古代インドの大叙事詩『ラーマーヤナ』の主人公)はここの王さまであったといわれています。

インドは美しい花の国です。色の鮮やかな花が年中咲いておりますので、絶えず花を飾ることができます。女性の方々が花飾りを愛好するのはどこの国でも共通ですが、ことにインドでは、若い女性の方にかぎらず、白髪になったおばあさんでも、街路を歩くときに花をかざして歩きます。だから、勝鬘という名前はまことにぴったりとインド的なものを表現しているのです。

さて、この『勝鬘経』のストーリーはと申しますと——

勝鬘夫人の宮廷にブッダがあらわれる。夫人は歓喜のあまり、仏さまを礼拝して、その徳を称えます。ブッダは、彼女が未来には必ず仏となりうることを予言し、そこで勝鬘夫人は、「十大受三大願」といわれる誓いを立てます。そこには仏教の実践理想が表明されています。それに続いて、高度に抽象的な思索を述べる哲学思想がくわしく述べられます。それに対してブッダは、そのとおり、そのとおりだと言い、しばしば称讃のことばを差しはさみながら、勝鬘夫人をして自由に説かしめて、その所説を承認するのです。

この経典は二重の意味において、注目されるべきでしょう。第一に、説法している主体が在家の人で、出家修行者ではないこと。ふつうは、出家者が在家の信者に対して教えを説く。これはよその国でもそのとおりです。ところがここでは、在家の人が教えを述べていること。第二に、女性が教えを述べていること。女性は公開の席へ出ることは一般にはまれでしたが、ここでは堂々と、国王のお妃がむつかしい教えを述べている。はたして実際にどこまでそういう光景があったのかわかりませんけれども、国王の妃が難しい哲学説を述べるということが当然のこととして受けとられていた。こういう二つの点で、『勝鬘経』はまったく独自の経典なのです。

しかもこの経典は、前回の『維摩経』と同じく、聖徳太子がこの経典を講義して『勝鬘経義疏』という注解書を書いたといわれており、日本の仏教にとって非常に重要な意義をもっていました。これは、大乗仏典として重要ということに加えて、あるいは、当時の天皇が推古《すいこ》天皇で、女帝であったことも関係しているかもしれません。ともかく、後代の日本の仏教の特徴を規定するにいたったひとつの重要な経典で、その意味で、今日までの日本仏教の背骨を提供したということがいえるでしょう。

王と王妃が手紙を届ける

『勝鬘経』の「序分《じょぶん》」、これはいわばイントロダクションに当たる部分ですが、ここには次のようにあります（「如来真実義功徳章《にょらいしんじつぎくどくしょう》」）。

かくの如く我聞きき。一時《いちじ》、仏《ほとけ》は舎衛《しゃえ》国《こく》の祇樹給孤独園《ぎじゅぎっこどくおん》に住《じゅう》し給《たま》いき。時に波斯《はし》の匿王《くおう》とおよび末利夫人《まりぶにん》とは、法《ほう》を信ずることいまだ久しからず、共に相謂《あいい》いて言わく、

「勝鬘夫人《しょうまんぶにん》はこれ我が女《むすめ》にして、聡慧利根通敏《そうえりこんつうびん》にして悟《さと》り易《やす》し。もし仏を見奉《みたてまつ》らば、かならず速《すみ》やかに法を解《げ》して、心に疑いなきことを得ん、よろしく時に信《しん》を遣《つか》わしてその道意《どうい》を発《おこ》さしむべし」。

夫人白《もう》して言《もう》さく、

「今まさにこれ時なり」

と。王および夫人は、勝鬘に書《しょ》を与え、略して如来《にょらい》の無量の功徳《くどく》を讃《さん》し、すなわち内人《ないにん》の旃提羅《せんだいら》と名づくるものを遣わす。使人《しにん》は書を奉《ほう》じて阿踰闍国《あゆじゃこく》に至り、その宮内《くうない》に入《い》り、敬《つつし》みて勝鬘に授《さず》け奉る。勝鬘は、書を得て歓喜《かんぎ》し、頂受《ちょうじゅ》し、読誦《どくじゅ》し、受持《じゅじ》し、希有《けう》の心を生じて旃提羅《せんだいら》に向《むか》いて、偈《げ》を説いて言わく――（以下省略）

あるとき、ブッダは舎衛国《しゃえこく》の祇樹給孤独園《ぎじゅぎっこどくおん》にとどまっていらっしゃいました。舎衛国はパーリ語でサーヴァッティー(シュラーヴァスティー)、中央インド北部にあった大国です。「祇樹給孤独園」はつまり「祇園」です。なお、ここに「住し給いき」とありますが、「給いき」は人々が写すあいだに尊敬の意の漢字を当てるということをしたので、原文に「給」という字はありません。

「波斯匿王《はしのくおう》」「末利夫人《まりぶにん》」はそれぞれ、コーサラ国のパセーナディ王とマッリカー夫人です。二人とも仏教では重要な人なのですが(本シリーズでは、第一巻『ブッダの生涯』一一一〜一一七頁に二人の物語がある)、どちらもこのときは、仏法を信ずるようになって、まだ間がなかったというのです。

そして、その二人がお互いに語り合った。「勝鬘夫人はわが娘であって、頭がよくて鋭い。すぐパッと感じ取る人で、理解力も早い。もしも仏さまにお目にかかったならば、必ずすぐに真理、教えを理解して、疑いのないようにすっかり理解するだろう。適当なときに、使者を派遣して、道を求める心を発《おこ》すようにしましょう」と。「信」は使者です。信書・手紙の意味にとっても結構ですが、使者の意味にも「信」という字を使うのです。なお、ここに「見奉る」とありますが、この「奉」いう字も、写していくあいだに漢字を当ててしまったもので、原文にはありません。ただ、読むときは「みたてまつる」と、読みくせでいっております。

そうすると、お妃が「まさにいま、そうすべきである」と言う。そこで王および夫人は、勝鬘に書を与え、如来の無量の功徳をほめたたえて、宮廷内の女官である旃提《せんだい》羅《ら》と名づける人を遣わした。この旃提羅という人のもとの名前はよくわかりませんが、チャンドラーという女性名詞ではなかったかとわたしは考えています。その使者は手紙をもって、阿《あ》踰《ゆ》闍国《じゃこく》、つまりアヨーディヤーの国に行き、その宮廷内に入って、つつしんで勝鬘夫人に手紙を捧げました。

そこで勝鬘は書を得て大喜びし、頭にいただいて(「頂受」)、それを読み誦え、受け保って、「ああ、すばらしいな」という心を生じ、そして旃提羅という使者に、自分の気持ちを詩のかたちで述べた、というのです。次にその詩の文句が続いていますが、そちらは省略します。

仏の功徳を讃歎する

さて、勝鬘夫人がブッダのお姿を見たいと願ったとき、ブッダが空中に姿を現わします。勝鬘夫人は、これを礼拝し、つぎのようにブッダの功徳を礼拝します。


「如来《にょらい》の妙色身《みょうしきしん》は、世間に与《とも》に等しきものなし、無比にして不思議なり、この故に今敬礼《きょうらい》し奉《たてまつ》る。

如来の色《しき》は無尽《むじん》なり、智慧もまた然《しか》なり、一切の法は常住《じょうじゅう》なり、この故に我《われ》帰依《きえ》し奉る。

心の過悪《かあく》と身の四種とを降伏《ごうぶく》して、已《すで》に難伏地《なんぶくじ》に到る、この故に法王を礼《らい》し奉る。

一切の爾炎《にえん》を知り、智慧身《ちえしん》自在にして、一切の法を摂持《しょうじ》し給う、この故に今敬礼し奉る。

過称量《かしょうりょう》を敬礼し、無譬類《むひるい》を敬礼し、無辺法《むへんぽう》を敬礼し、難思議《なんしぎ》を敬礼し奉る。

哀愍《あいみん》して我を覆護《ふご》し、法種《ほうしゅ》をして増長《ぞうじょう》せしめ、この世および後生《ごしょう》に、願わくは仏《ほとけ》は常に摂受《しょうじゅ》し給え。」

仏さまの絶妙な美しいからだは、世間にともに等しいものがない。「無比にして」、比べうるものがない。「不思議なり」は、思議を越えている、考えられないほどすばらしい、という意味です。

また、如来のすがたはもう尽きることがないほどすばらしい。智慧もまたそうである。そして「一切の法は常住なり」、あらゆるダルマ、あるいは道筋というものは常住である、という。いろいろの現象、事物はどんどん過ぎ変わります、移りますから無常ですが、ことわりというものは常住です。

「心の過悪と、身の四種とを降伏して」、心にわれわれは過ちを犯すことがありますね。仏教の倫理思想というのは非常に精神的なのです。だから、心のなかで悪いことを思っただけでも、それはよくないことなのです。「身の四種」と出ておりますのは、これはわれわれの身体は生老病死という四つの移り変わりに悩まされますから、それを言っているわけです。それを克服して、もろもろの災いに伏せられることのない境地、つまり仏の境地に達していらっしゃる。「この故に法王を礼し奉る」、法王とは法を説く王さまで、これは仏さまのことです。

「一切の爾炎《にえん》」、「爾炎」とはサンスクリット語のジニェーヤ(jñeya)で、「知られるもの」「知られる事柄」「認識の対象」という意味です。訳しにくかったので音をそのまま写しています。「智慧身自在にして」、そして一切の法、道を保っていらっしゃる。

「過称量」とは、「称量」とははかり考えることですから、称量を過ぎた、つまりわれわれの考えを超えているものということです。「無譬類」は、たとえることのできないもの、「無辺法」は、限りない美徳を身に具現していること、「難思議」は、とてもわれわれの思慮の及ばないこと。これはすべて、仏さまをいうのです。

「哀愍《あいみん》して」は、インドではお願いするときに、「なにとぞ」「どうぞ」という意味でよく使う表現です。つまり、哀れんでわれを覆い守ってくださいというのです。そして「仏法のすぐれた美徳を発展させ育てる種になるもの、それを盛んならしめ、この世および後の世に、願わくば仏さま、われわれをみな受け保って救ってください」と勝鬘夫人が言うのです。

すると、仏さまは答え、勝鬘夫人もまた申します。

〔仏言《のたま》はく〕「我久しく汝を安立《あんりゅう》す、前世すでに開覚《かいかく》せり、今また汝を摂受《しょうじゅ》す。未来の生《しょう》もまた然《しか》なり」。

〔勝鬘白《もう》して言《もう》さく〕「我すでに功徳《くどく》をなしき、現在および余世《よせ》、かくの如きの衆《もろもろ》の善本《ぜんほん》あり、唯《ただ》願わくは摂受せられんことを」。

その時、勝鬘および諸《もろもろ》の眷属《けんぞく》、頭面《ずめん》をもて、仏を礼《らい》し奉る。

仏は言います、「わたしは久しく、あなたを安らかに落ちつけさせた。前世にすでにあなたはさとりを開いていた。いままた、ここであなたを受けとり、救います。だから未来の世の中にもそのようにいたしましょう」と。

勝鬘夫人が申しますには、「わたしはすでにいいことをいたしました」。続いて、「現在および余世、かくの如きの衆の善本あり」とありますが、善本とはよい事柄で後によき果報をもたらすもので、善根《ぜんごん》といっても同じです。「願わくは、わたしを受け入れ救ってください」。

そして、「その時、勝鬘および諸の眷属、頭面をもて、仏を礼し奉る」。勝鬘夫人と仲間の者は頭を下げて仏を敬礼したわけですね。

仏、衆中《しゅちゅう》において、すなわちために受記《じゅき》し給わく、
「汝、如来《にょらい》の真実の功徳《くどく》を歎《たん》ず、この善根《ぜんごん》を以て、まさに無量阿僧祇劫《むりょうあそうぎこう》において、天人の中《うち》において、自在王《じざいおう》となるべし。一切の生処《しょうじょ》において、常に我を見ることを得て、現前《げんぜん》に讃歎《さんだん》せんこと、今の如く、異なることなかるべし。まさにまた、無量阿僧祇劫の仏を供養《くよう》し、二万阿僧祇劫を過ぐべし。まさに作仏《さぶつ》することを得て、普光如来応正遍知《ふこうにょらいおうしょうへんち》と号《ごう》すべし、彼《か》の仏の国土には、諸の悪趣《あくしゅ》、老病衰悩《ろうびょうすいのう》、不《ふ》適意《ちゃくい》の苦しみなし。また不善悪業道《ふぜんあくごうどう》の名もなし。彼の国の衆生《しゅじょう》は、色《しき》、力《りき》、寿命《じゅみょう》、五欲の衆具《しゅうぐ》、皆ことごとく快楽《けらく》にして、他化自在《たけじざい》の諸天《しょてん》に勝らん。彼の諸の衆生は、純一大乗《だいじょう》にして、あらゆる善根《ぜんごん》を修習《しゅじゅう》する衆生《しゅじょう》、皆彼れに集まらん」。

すると仏は、みんなのいるなかで、次のように、彼女のために、予言をしてくださった、というのです。「受記」とは記すことで、未来にはあなたはこれこれのものになりますよと決めて予言することです。

あなたは、如来の真実の功徳をほめたたえた。この善根があるから、はかることの

できない、考えられないほど長い時間において、神々や人間のあいだで自在なる王、すなわち仏となるでありましょう。ここに「まさに無量《むりょう》阿《あ》僧祇《そうぎ》劫《こう》において」とありますが、「阿僧祇」はサンスクリット語でアサンキェーヤ(asaṃkhyeya)といい、「無数の」「数えられない」という意味です。「劫」はサンスクリット語のカルパ(kalpa)の音を写したもので、非常に長い時間の単位をいいます(ちなみに、囲碁でいう劫はここから来ています)。また、「天人」とある天とは神々のことです。

そして、一切の生まれるところにおいて、常にわたしを見ることができて、その目の前で、未来にもやはり、仏さまをほめ奉るということをするでしょう。無量の、数えられないほどの多くの仏さまを供養して、二万の阿僧祇劫を過ぎて、まさに仏となることを得て、普《ふ》光如来《こうにょらい》、応《おう》、正遍知《しょうへんち》と号するでしょう、という。つまり、仏さまになるから、それで普光如来という名前になるというのです。「応(応供《おうぐ》)」とは、尊敬さるべき人、敬わるべき人といい、「正遍知」とは正しい完全なさとりを開いた人ということで、みな仏さまのことをいうのです。

さらに、彼の仏の国土に、もろもろの悪いところ、老病衰悩、「不《ふ》適意《ちゃくい》」、快からぬそういう苦しみはないでしょう。また、悪い場所もないでしょう。彼の国の衆生は、かたち、すがたも力も寿命も、五欲＝五感にかかわる欲求を達成するいろいろの道具をもって、みな快く楽しむことができます。他化自在天にいる神々にもまさるでありましょう。彼の国のもろもろの衆生は純一の大乗を守り、あらゆるいいことを実行して、そこへ集まってくるでしょう――。ここに出る「他化自在天」とは、欲界（三界の一。三界は「欲界」「色界」「無色界」からなる）のいちばん上にある天です。

勝鬘夫人、受記《じゅき》を得る時、無量の衆生、諸天《しょてん》、および人《にん》、彼の国に生れんと願う。世尊、ことごとく記す、皆まさに往生《おうじょう》すべしと。

勝鬘夫人はこのような予言を受けた。そのときに、無量の衆生、もろもろの神々および人々は、彼の国に生まれようと願いました。仏さまは「みなそのとおりになるぞ、皆あのすばらしい仏国土にいって生まれることができる」、そのように予言してくださった、というのです。

みずからを戒める十の誓い

勝鬘夫人はその仏の予言を聞き、「今日より、さとりを開くときにいたるまで」として、みずからを戒《いまし》める十の誓いを立てます(二「十大受章」)。

その時、勝鬘、受記を聞き已《おわ》りて、恭敬《くぎょう》して十大受《だいじゅ》を受く。
〔一〕世尊《せそん》。我今日《われこんにち》より乃《いま》し菩提《ぼだい》に至《いた》るまで、所受《しょじゅ》の戒《かい》において犯心《ぼんしん》を起《おこ》さず。
〔二〕世尊。我今日より乃し菩提に至るまで、諸《もろもろ》の尊長《そんちょう》において慢心《まんしん》を起さず。
〔三〕世尊。我今日より乃し菩提に至るまで、諸の衆生《しゅじょう》において恚心《いしん》を起さず。
〔四〕世尊。我今日より乃し菩提に至るまで、他《た》の身色《しんしき》および外《げ》の衆具《しゅうぐ》において嫉《しっ》心《しん》を起さず。
〔五〕世尊。我今日より乃し菩提に至るまで、内《ない》・外《げ》の法《ほう》において慳心《けんしん》を起さず。

第一に、自分が受ける戒めについて、戒めを犯すような心を起こしますまい。

第二に、もろもろの「尊長《そんちょう》」、年長の人、長上に対して、慢心、侮る心を起こさないようにしましょう。

第三に、あらゆる生きものに対して、怒る心、憎悪の心を起こさないようにいたしましょう。

第四に、他の人の身、すがた、人々が使っている外側のいろいろの道具、そういうものが立派だからといって、妬む心を起こしますまい。つまり、他の人のすがたが立派だから、あるいはいいものを持っているからといって妬むことはしない、ということです。

第五に、内外のものについて、物惜しみの心を起こしません。

〔六〕世尊。我今日より乃し菩提に至るまで、みずから己《おのれ》がために財物《ざいもつ》を受蓄《じゅちく》せず。すべて所受《しょじゅ》あらばことごとく貧苦《ひんく》の衆生を成熟《じょうじゅく》する為《ため》にせん。

第六に、財産を受け保つとしても、自分のためにはいたしません。受けたものはすべて、貧しい人、苦しんでいる人を豊かにするために使いましょう。

これはとくに、大乗仏教を従前の伝統的、保守的仏教と区別するひとつとして注目されます。悩み苦しんでいる人々を救うという活動は、伝統的保守的仏教でもなされてはいました。アショーカ王は施しの家というものをつくり、そこで実際に人々に施しをしている姿が、南インドのアマラーヴァティーの浮き彫りにも出ております。ですから、以前から行なわれてはいたのですが、大乗仏教でとくにそれを強調するようになったのです。

そして、ここに出ているこの『勝鬘経』の精神を、聖徳太子は実際に具現しました。聖徳太子は四天王寺総本山をつくったときに、四箇院《しかいん》という、人々を救う施設をつくっています。施薬院《せやくいん》(薬を施すところ)、療病院《りょうびょういん》(病院)、悲田院《ひでんいん》(悩んでいる人々を哀れむ施設)、敬田院《きょうでんいん》(ほんとうの仏法、実践をうやまって行なうところ)、そういう四つの施設をつくったのは、この精神を受けているわけです。

〔七〕世尊。我今日より乃し菩提に至るまで、みずから己《おのれ》がために四摂法《ししょうぼう》を行《ぎょう》ぜず。一切衆生《いっさいしゅじょう》の為の故に、無愛染心《むあいぜんしん》・無厭足心《むえんそくしん》・無罣礙心《むけいげしん》を以て衆生を摂受《しょうじゅ》せん。

〔八〕世尊。我今日より乃し菩提に至るまで、もし孤《こ》・独《どく》。幽《ゆう》・繫《けい》。疾《しつ》・病《びょう》。種々《しゅじゅ》の厄《やく》・難《なん》。困《こん》・苦《く》の衆生を見ては終《つい》にしばらくも捨てず。かならず安穏《あんのん》ならしめんと欲し、義《ぎ》を以て饒益《にょうやく》し、衆苦《しゅうく》を脱せしめ、然《しか》る後《のち》にすなわち捨てん。

第七に、「みずから己がために四摂法《ししょうぼう》を行ぜず」。四摂法を行なえということは、これはもう、仏教で最初から説くことであります。四摂法とは、人々を救うために、人々をおさめて守る四つの仕方です。人々を誘い引きつけるための四つの方法、四つの包容の態度とでもいえましょう。第一は「布施《ふせ》」、何かを与えること、第二は「愛《あい》語《ご》」、やさしい愛情のこもったことばを用いること、第三に「利行《りぎょう》」、人々のためをはかること、第四に「同事《どうじ》」、共同すること、事を同じくすること。この四つは、人々と付き合っていくためにはぜひ必要なことですが、自分の利益のためにそういうことをするのではない。そうではなくて、一切の生きとし生けるもののために、愛着の心もなく、いやになって厭《あ》きてしまうというような心もなく、さわりやとどこおりのあるような心もなくて、広々とした気持ちで生きとし生けるものを救いましょう、ということです。

第八に、孤独な人、身寄りのない人、幽閉されている人、繫《つな》がれている人、病で苦しんでいる人、いろいろの災難に悩んでいる人、苦しんでいる人々をみては、しばらくのあいだも捨てることをしません。必ず安らかにしてあげようと思って、筋道を立てて「饒益《にょうやく》」し、つまりためをはかり、もろもろの苦しみを脱せしめましょう。その後に自分はそこを去っていきましょう。「乃ち捨てん」、そこを去っていくのです。チベット訳からみると、そういうことばになっています。いつまでもこだわっていないという意味です。

〔九〕世尊。我今日より乃し菩提に至るまで、もし捕《ふ》と養《よう》との衆《もろもろ》の悪律儀《あくりつぎ》と、および諸の犯戒《ぼんかい》とを見ては終《つい》に棄捨《きしゃ》せずして、我力《われちから》を得んとき、彼彼《ひひ》の処《ところ》において、この衆生を見ては、まさに折伏《しゃくぶく》すべきものはしかもこれを折伏し、まさに摂受《しょうじゅ》すべきものはしかもこれを摂受せん。何を以ての故に、折伏と摂受とを以ての故に、法をして久住《くじゅう》せしむればなり。法久住すれば、天人充満《てんにんじゅうまん》し、悪道《あくどう》減少して、能《よ》く如来所転《しょてん》の法輪《ほうりん》においてしかも随転《ずいてん》することを得ん。この利《り》を見るが故に救摂《くしょう》して捨てず。

第九に、「もし捕《ふ》と養《よう》との、衆の悪律儀《あくりつぎ》と、および諸の犯戒《ぼんかい》とを見ては終に棄捨せずして」、当時の人は生きものをとらえるということを、殺すことをきらっていたのです。だから、それをないようにしよう、というのです。あちこちで殺されそうになっているような衆生を見たならば、くじき破るべきものに対しては強い態度をとってそれを押さえつける。反対に、受け入れておさめ守るべき人は、それは受け入れる。なぜかというと、「折伏」と「摂受」の両方の仕方で、真理を長く具現することができるからです。その真理が長くとどまり、仏法が行なわれれば、神々も人間もいっぱいに栄えてくる。悪いところがなくなる。そして、人々が仏さまの教えが転ぜられるのを後を従ってついていくことでしょう。

〔十〕世尊。我今日より乃し菩提に至るまで、正法《しょうぼう》を摂受《しょうじゅ》して終に忘失《もうしつ》せず。何を以ての故に、法を忘失するものはすなわち大乗《だいじょう》を忘る。大乗を忘るるものはすなわち波羅蜜《はらみつ》を忘る。波羅蜜を忘るるものはすなわち大乗を欲《おも》わず。もし菩薩、大乗を決定《けつじょう》せざるものはすなわち正法を摂受する欲《おもい》を得ること能《あた》わず。所楽《しょぎょう》に随《したご》うて入《い》り、永《なが》く凡夫地《ぼんぶじ》を越ゆるに堪任《かんにん》せず。我かくの如きの無量の大過《だいか》を見

て、また未来に正法を摂受する菩薩摩訶薩の無量の福利を見るが故に、この大《だい》受《じゅ》を受く。（以下省略）

第十に、正しい法を受け保って忘れません。なぜか。真理を、道筋を忘れるということは、結局、大乗を忘れることであり、大乗を忘れるということは、波羅蜜を忘れることです。「波羅蜜」とはもとのことばでパーラミターといい、徳の完成のことです。具体的にはふつう、「布施」（人に財を与える）、「持戒」（戒律を守る）、「忍辱」（耐え忍ぶ）、「精進」（努め励む）、「禅定」（心を統一する）、「智慧」（真実の智慧）、この六つの完成を波羅蜜というのです。そして、波羅蜜を忘れてしまうと、大乗を実践しようという気持ちも失われ、そうすると、正しい実践ができなくなって、凡夫の境地を越えることができない、そういうことを思い、わたしはこの誓いを立てるのです――そう勝鬘夫人は結ぶのです。

三つの大願を立てる

勝鬘夫人は続いて、三つの大願を立てました(三「三大願章」)。

その時、勝鬘、また、仏前において三大願《だいがん》を発《おこ》してこの言を作《な》さく、

「この実願《じつがん》を以て無量無辺の衆生を安慰《あんに》せん。

この善根《ぜんごん》を以て一切生《しょう》において正法智《しょうほっち》を得ん。これを第一の大願と名づく。

我、正法智を得已《おわ》りて、無厭心《むえんしん》を以て衆生のために説かん。これを第二の大願と名づく。

我、摂受正法《しょうじゅしょうぼう》において、身《しん》と命《みょう》と財《ざい》とを捨てて、正法を護持《ごじ》せん。これを第三の大願と名づく」。

勝鬘夫人は、「真実に賭けたこの願いをもって、限りない生きとし生けるものを安らかにし、慰めることにいたしましょう」と言い、三つの大願を述べます。

第一に、「この善根をもって、どこに生まれるにしても、正しい真理の智慧を得ることにいたしましょう」。

第二に、「自分が智慧を得てから、いやがる、飽き飽きしたような気持ちなしに、人々のために喜んで説くことにいたしましょう」。

第三に、「仏さまの説かれた正しい道筋を受け取る場合に、身と命と財とを捨てて実践いたしましょう」。ここに「摂受正法において」とありますが、わたしは「正法を摂受することにおいて」と読んだらいいのではないかと思います。ともかく、そのために、身も捨てる、命も捨てる、財も捨てる、というのですね。身も命も捨てたという話が、インドのジャータカの物語(ブッダの前世で菩薩であったときの善行を記した仏教説話集)には、非常に空想的誇張的に説かれています。これについて聖徳太子は、「実際問題として身命を捨てるということはできない。ただ財を捨てるということは、だれでも心すればできるから、無理のないように、人々のために奉仕することを行なえ」という趣旨のことを説いています。この解釈の仕方は非常に現実的です。

如来蔵の思想

以上申し上げましたことが実践の誓いですが、そういう誓いを立てる奥には、哲学的な思索が述べられていて、その中心観念は如来蔵《にょらいぞう》ということです。

これは根本にある仏の身体のことです。仏さまの美しく飾られた身体をわれわれは拝んでいますが、そうではない根本の身体があり、それを「法身《ほっしん》」と申します。これは思考、言語を超えたものですが、そこからいろいろなものがあらわれてくるということになりますと、そのあらわれる原理がなければならない。そこで如来蔵というものを考えるのです。

それは実体としては仏の法身、空《くう》と同じものですが、それを汚れがまとうている、そのために具体的な働きがあらわれ出てくるのだ。つまり根本原理に対する一種の否定的原理というものがついている。しかし、否定的原理というものも決して同じ意義をもった、同じ立場のものではないのです。究極においては空であり、清らかなものである。その立場を忘れないで、現実世界がいかに成り立っているかということを解明しようとしたのが如来蔵の思想です。

だから、如来蔵と仏の法身、空というのは同じことなのですが、ただ、あらわれ方が違う。非常にむつかしいことが説いてあります。

ここでは詳しく説明できませんけれども、こういうむつかしいことを、しかも、国王のお妃、女性が説いたということ、ここに注目すべき点があるかと思います。西暦紀元前にギリシア人がインドへ来て、インドには女性の哲学者がいる、と驚きの声を発しています。これはギリシアにはあまりいなかったのですね。女性でも真理を求めて、しかもそれを述べたという、そういう伝統がここにもあらわれているのです。

第 15 回

宥和の思想

――『法華経』(1)

仏塔礼拝　バルフット出土，前 2 世紀，カルカッタ・インド博物館蔵．

『法華経』(*Saddharma-puṇḍarīka-sūtra*)は、「経王」とも称せられ、大乗経典のなかでもとくに重要なものとされる。サンスクリット原典・漢訳本とも数種あり、さらにチベット訳・ウイグル語訳・西夏語訳・モンゴル語訳・満州語訳・朝鮮語訳などが存在していることからも、この経典がいかに広い地域で影響力を持ってきたかがうかがえる。漢訳では鳩摩羅什によるものが最も流布している。わが国でも、民衆の法華信仰も含めて、『法華経』は、常に日本仏教思想の主流にあったといえる。『法華経』(上・中・下)坂本幸男・岩本裕訳、岩波文庫)に、漢訳・読み下し文・現代語訳をあわせて、全文が収録されている。

今回から四回にわたって、『法華経《ほけきょう》』についてお話しします。

『法華経』は昔から、「諸経《しょきょう》の王《おう》」（もろもろの経典の中での王）と呼ばれて、広くアジア諸国で信奉されてきました。この経典は、西暦紀元後一世紀の中葉から二世紀中葉にかけて、西北インドつまり現在の北パキスタンのあたりでつくられた、と学者は推定しています。『法華経』は、ストゥーパ、つまり仏塔の崇拝にさかんに言及しておりますが、ストゥーパがもっとも多くつくられたのはクシャーナ王朝時代、とくに仏教を保護奨励したことで名高いカニシカ王の後のヴァースデーヴァ王の治世でした。ですから、『法華経』は、その頃新興の商人階級の支持・帰依を受けて活動していた、伝統的な大教団に属さない民間の宗教家たちのなかでつくられた、と想像されるのです。

漢訳としては、鳩摩羅什《くまらじゅう》（クマーラジーヴァ）の訳した『妙法蓮華経《みょうほうれんげきょう》』八巻がとくに有名です。この経典は中国でも韓国でもベトナムでも重んじられましたが、日本ではとくに重要で、日本仏教の根幹を形成したものといっていいでしょう。

わが国に仏教がとり入れられたその最初の時期に、聖徳太子がみずから『法華経』を講義して『法華義疏《ほっけぎしょ》』という注釈書を著《あらわ》したといわれていますし、伝教大師最澄《でんぎょうだいしさいちょう》がわが国における天台宗《てんだいしゅう》を開創したときに、この宗派のもとづく根本経典は『法華経』でした。日本の仏教の諸宗派は多く、天台宗を母体として、何らかのかたちでそれに接続して出てきたものです。とくに日蓮《にちれん》上人は熱烈な信仰をもって、この経典を尊重いたしました。今日でも、戦後にさかんに興隆しました新しい教団は、まずその大部分が『法華経』にもとづいたものであるということができます。

三乗は一乗に帰する

わたしは、この『法華経』についてのお話の第一回を「宥和《ゆうわ》の思想」と題しましたが、これは『法華経』に出てくることばではありません。仮りに現代人の立場でその内容をとらえて表現するとこういえるのではないか、と思うのです。といいますのは、当時、大乗仏教徒は小乗仏教徒を攻撃していましたけれど、『法華経』は、仏教の種々の教説はみなそれぞれ存在意義があるということを、非常に力強く主張しております。「宥和の思想」と題したゆえんです。

この経典は、全体が二十八の章(二十八品《ほん》)から成り、大ざっぱに分けまして、前半の「迹門《しゃくもん》」と呼ばれる部分と、後半の「本門《ほんもん》」と呼ばれる部分とに分かれます。

前半の十四品「迹門」では、仏教に三つの修行法があるが、それは実は一つの真実の教えに帰着する、ということを述べます。その三つとは、まず「声聞乗《しょうもんじょう》」、つまりブッダの教えを聞いて忠実に実践するしかた。伝統的、保守的な人々ですね。つぎが「縁覚乗《えんがくじょう》」、これはひとりでさとりを開く人の実践です。三番目が「菩薩乗《ぼさつじょう》」、自利利《じりり》他《た》をめざす(自分を利するとともに他人を利する、その両方が一体となっている)しかたで、これは大乗の実践です。しかし、この三つは結局、「一乗に帰する」。つまり一つの乗り物にほかならない。三つあるように思われるけれども、実はどれを追求していっても一つの真実の教えに帰着する、ということを主張するのです。従来、これらの三乗は一般に、別々の教えと見なされていましたが、それは皮相な見解であって、どれも仏さまが衆生を導くための方便《ほうべん》として説いたもので、真実には一乗の法あるのみである、とするのです。

のみならず、一つの詩の文句を聞いて受けたもつ者でも、あるいは仏塔(ストゥーパ)や舎利《しゃり》(仏・聖者の遺骨)を礼拝するもの、仏像を拝むもの、さらには、戯《たわむ》れに砂で塔をつくる真似をし、あるいは爪で壁に仏像を描く幼い子どもたちでも、みな仏の慈悲に救われる、といいます。

『法華経』とは、仏の慈悲は絶対であると説き、この道理を戯曲的構想と文芸的形式で表現した経典なのです。

説法がはじまる

ではまず、冒頭の「序品《じょほん》第一」から味わってまいりましょう。

かくの如く我《われ》聞きき。一時、仏《ほとけ》、王舎城《おうしゃじょう》・耆《ぎ》闍崛山《しゃくつせん》の中に住したまい、大比丘衆《だいびくしゅ》万《まん》二千人と倶《とも》なりき。皆これ阿羅漢《あらかん》なり。諸漏《しょろ》已《すで》に尽くしてまた煩悩《ぼんのう》なく、己利《こり》を逮得《たいとく》し諸《もろもろ》の有結《うけつ》を尽くして、心自在《こころじざい》を得たり。

「かくの如く我聞きき」、わたしはこのように聞きました。お経の出だしの文句ですね。あるとき、仏さまは、王舎城《おうしゃじょう》・耆闍崛山《ぎしゃくつせん》に住んでいらっしゃった。「王舎城」はマガダ国の首都ラージャガハ、「耆闍崛山」はサンスクリット語グリドゥフラクータ(Gṛdhrakūṭa)の音を写したのですが、やさしいことばで翻訳すると「鷲《わし》の峰」です。「霊鷲山《りょうじゅせん》」「霊山《りょうぜん》」ともいいます。これは王舎城の東北の方にありました(第一巻、一二九頁以下参照)。

そこで大勢の比丘たち、一万二〇〇〇人といっしょだったというわけです。かれらはみな「阿羅漢《あらかん》」、つまり、修行を完成した敬われるべき人であった。あらゆる穢《けが》れがもうなくなって、煩悩もなく、自分の目的を達成して、生存に結びつけられるような束縛もなくしてしまい、心は自在になっている、そういう人たちだというのです。

そして、次にそういう人々の名前がずっと挙げられていきます。

その名を、阿若憍陳如《あにゃきょうじんにょ》・摩訶迦葉《まかかしょう》・優楼頻螺迦葉《うるびんらかしょう》・伽耶迦葉《がやかしょう》・那提迦葉《なだいかしょう》・舎利《しゃり》弗《ほつ》・大目揵連《だいもくけんれん》・摩訶迦旃延《まかかせんねん》・阿㝹楼駄《あぬるだ》・劫賓那《こうひんな》・憍梵波提《きょうぼんはだい》・離婆多《りはた》・畢陵伽婆《ひつりょうがば》蹉《しゃ》・薄拘羅《はくら》・摩訶拘絺羅《まかくちら》・難陀《なんだ》・孫陀羅難陀《そんだらなんだ》・富楼那弥多羅尼子《ふるなみたらにし》・須菩提《しゅぼだい》・阿《あ》難《なん》・羅睺羅《らごら》という。かくの如き、衆《しゅ》に知識せられたる大阿羅漢等なり。

また学《がく》・無学《むがく》の二千人あり。摩訶波闍波提比丘尼《まかはじゃはだいびくに》、眷属《けんぞく》六千人と倶《とも》なり。羅睺羅《らごら》の母耶輸陀羅比丘尼《やしゅだらびくに》、また眷属と倶なり。

また「学・無学」の二千人がいました。「学」とは、まだこれから学ばねばならぬ修行途中の人、「無学」とは、修行を完成して、これ以上学ぶ必要のない人です。「摩《ま》訶波闍波提比丘尼《かはじゃはだいびくに》」はブッダの育ての母であるマハー・パジャーパティー。「耶輸陀《やしゅだ》羅比丘尼《らびくに》」はブッダのお后、ヤソーダラーで、彼女も出家して比丘尼となっていました。「羅睺羅」はブッダとヤソーダラーのあいだに生まれた子ラーフラで、いわゆる十大弟子の一人に数えられた人です。こういう人も、仲間を連れて、そこにおられたわけです。

菩薩摩訶薩《ぼさつまかさつ》八万人あり。皆阿耨多羅三藐三菩提《あのくたらさんみゃくさんぼだい》において退転《たいてん》せず。皆陀羅尼《だらに》を得、楽説弁才《ぎょうせつべんざい》ありて、不退転《ふたいてん》の法輪《ほうりん》を転じ、無量《むりょう》百千の諸仏を供養《くよう》し、諸仏の所《みもと》において衆《もろもろ》の徳本《とくほん》を植え、常に諸仏に称歎《しょうたん》せられ、慈《じ》を以て身を修め、よく仏慧《ぶってい》に入《い》り、大智《だいち》を通達《つうだつ》し、彼岸《ひがん》に到り、名称《みょうしょう》普《あまね》く無量の世界に聞えて、能《よ》く無数《むしゅ》百千

の衆生《しゅじょう》を度《ど》す。その名を文殊師利《もんじゅしり》菩薩、観世音《かんぜおん》菩薩、得大勢《とくだいせい》菩薩……〔中略〕

「菩薩摩訶薩《ぼさつまかさつ》」、道を求める人と偉大な人が八万人いた。かれらはみな「阿耨多羅三《あのくたらさん》藐三菩提《みゃくさんぼだい》」(アヌッタラー・サムヤックサンボーディ)、無上の正しいさとりを得て、退かない。みな、陀羅尼《だらに》(ダーラニー dhāraṇī)を体得していた。そして、説くことを願い、弁舌の才能があった。後戻りしない、退くことのない「法輪を転じ」、つまり教えをそこで説いて、輪を回したようであった。大勢の仏さまを供養し、諸仏のもとでいろいろの徳本《とくほん》(善根《ぜんごん》)を植え、つまりよいことをし、だからいつも仏さま方に称《ほ》め讃《たた》えられた。慈しみの心を以《いっ》て自分の身を修め、仏さまの智慧のうちに入り、偉大なる智慧に通達して、彼岸に到り、完成に到達していた。そして「名称」、つまり誉《ほま》れがあまねく無量の世界に聞こえ、無数百千の衆生を救った、というのです。その後、文殊菩《もんじゅぼ》薩《さつ》をはじめとして、いろいろの菩薩の名前がずっと出ておりますが、ここでは省きました。

その時に釈提桓因《しゃくだいかんにん》、その眷属《けんぞく》二万の天子《てんじ》と倶《とも》なり。また名月天子《みょうがつてんじ》〔中略〕、娑婆世《しゃば》界の主梵天王《しゅぼんてんのう》〔中略〕、八竜王《りゅうおう》あり、〔中略〕四緊那羅王《きんならおう》あり、〔中略〕四乾闥婆王《けんだつばおう》あり、〔中略〕四阿修羅王《あしゅらおう》あり、〔中略〕四迦楼羅王《かるらおう》あり、〔中略〕韋提希《いだいけ》の子阿闍世王《あじゃせおう》、若干《そこばく》百千の眷属と倶《とも》なりき。各《おのおの》仏足《ぶつそく》を礼《らい》し退《しりぞ》いて一面に坐しぬ。

その他、神々もそこにいました。「釈提桓因《しゃくだいかんにん》」とは帝釈天《たいしゃくてん》のこと。また、「娑婆世《しゃば》界」とは、サンスクリット語のサハー(Sahā)を「娑婆」と写したもので、われわれの住んでいるこの世界のことです。「緊那羅《きんなら》」は人非人《にんぴにん》と訳しますが、人間に似ていて人であるかと疑うけれども、またちがって、天を飛び回るという、そういう神的存在です。「乾闥婆《けんだつば》」とは空中を飛びまわる天の楽人。「迦楼羅《かるら》」はガルダの音を写したもので、金翅鳥《こんじちょう》のことです。金色の翼をもつ巨鳥で、仏法の守護神とされています。

さらに「阿闍世《あじゃせ》王」も、家来や仲間を連れていた。阿闍世はアジャータサットゥ、マガダ国の王です。父のビンビサーラ（「頻婆娑羅《びんばしゃら》」）、母のヴァイデーヒー（「韋提希《いだいけ》」）とともに、経典にしばしば登場します。

かれらはみな仏さまの足を拝んで、退いて、傍らに坐りました。

その時に世尊、四衆《ししゅ》に囲遶《いにょう》せられ、供養《くよう》・恭敬《くぎょう》・尊重《そんじゅう》・讃歎《さんだん》せられて、諸《もろもろ》の菩薩の為に大乗経《だいじょうきょう》の無量義《むりょうぎ》・教菩薩法《きょうぼさつほう》・仏所護念《ぶつしょごねん》と名づくるを説きたもう。仏この経を説き已《おわ》って、結跏趺坐《けっかふざ》し無量義処三昧《むりょうぎしょさんまい》に入《い》って身心《しんじん》動じたまわず。

「四衆《ししゅ》」は、比丘・比丘尼（出家した男性・女性）と優婆塞《うばそく》（ウパーサカ、在俗信者の男性）・優婆夷《うばい》（ウパーシカー、在俗信者の女性）。ブッダはかれらに囲まれ、尊敬されて、そこで大乗の奥深い意義をお説きになったというのです。仏さまはその経を説き終わったときに、足を組んで、「無量義処三昧」、つまり奥深い無量の意義のある精神統一の境地に入って、身心も動かされませんでした。「三昧」はサマーディ（samādhi）ということばの音写で、精神統一のことです。

この時に天より曼陀羅華《まんだらけ》・摩訶曼陀羅華《まかまんだらけ》・曼殊沙華《まんじゅしゃけ》・摩訶曼殊沙華《まかまんじゅしゃけ》を雨《ふ》らして、仏の上《みうえ》および、諸の大衆《だいしゅ》に散じ普《あまね》く仏世《ぶつせ》界六種《かいろくしゅ》に震動《しんどう》す。〔中略〕その時に仏眉間《みけん》白毫相《びゃくごうそう》の光を放って、東方万《とうほうまん》八千の世界を照《てら》したもうに周徧《しゅへん》せざることなし。下《しも》阿鼻地獄《あびじごく》に至り、上阿迦尼吒天《かみあかにたてん》に至る。この世界においてことごとく彼《か》の土《ど》の六《ろく》趣《しゅ》の衆生を見、また彼の土の現在の諸仏を見、および諸仏の所説《しょせつ》の経法《きょうほう》を聞き、ならびに彼の諸の比丘《びく》・比丘尼《びくに》・優婆塞《うばそく》・優婆夷《うばい》の諸の修行し得道《とくどう》する者を見、また諸の菩薩摩訶薩《まかさつ》の種種《しゅじゅ》の因縁《いんねん》・種種の信解《しんげ》・種種の相貌《そうみょう》あって菩薩の道《どう》を行《ぎょう》ずるを見、また諸仏の般涅槃《はつねはん》したもう者を見、また諸仏般涅槃の後《のち》、仏舎利《ぶっしゃり》を以て七宝塔《ほうとう》を起《た》つるを見る。

このとき、天から、さまざまな花が降ってきた。仏さまや、そこに集まっている人々の上に、あまねく散ぜられて、そして、仏の世界は「六種に震動」したというのですね。「六種」とは、東・西・南・北と上・下の六方です。

そのとき仏さまは、眉間にある白い毛のところから光を放ち、諸々の世界を照らして、光をあまねくゆきわたらせた。この光は、下は「阿鼻地獄《あびじごく》」という、いちばん下の恐ろしい地獄にまでいたり、上は「阿迦尼吒天《あかにたてん》」という、物質世界(「色界」)の最上のところにまで及んだというのです。

この世界において、もうすでにかなたの仏国土の六趣、六道の衆生を見られた。また、向こうにある現在の多くの仏さまをも見、そうして教えを聞いた。そして、いろいろな比丘、比丘尼、優婆塞、優婆夷、こういう人が修行し、やがてさとりを開くようになるということ、それも見た。また諸々の菩薩がいろいろのいわれがあり、いろいろの理解を持ち、いろいろの姿を示して、そして菩薩の道を行なっているということも見た。諸々の多数の仏さまがお亡くなりになるのを見、あるいは仏さまが亡くなられてから、舎利でもって「七宝《しっぽう》」、七つの宝よりなる塔を起てられるのを見たといいます。仏教では、仏さまは一人ではなく、何人いらっしゃってもいい、ということは前にも申しましたね。

その時に弥勒《みろく》菩薩この念を作《な》さく、「今者《いま》世尊、神変《じんぺん》の相《そう》を現じたもう。何の因《いん》縁《ねん》を以てこの瑞《ずい》ある。今仏《いまぶつ》世尊は三昧《さんまい》に入《い》りたまえり。この不可思議《ふかしぎ》にして希有《けう》の事《じ》を現ぜるを、まさに以て誰《たれ》にか問うべき、誰か能《よ》く答えん者なる」。〔弥勒菩薩は〕またこの念を作さく、「この文殊師利《もんじゅしり》法王《ほうおう》の子《みこ》は、已《すで》にかつて過去《かこ》無量《むりょう》の諸仏に親近《しんごん》し供養《くよう》せり。かならずこの希有の相《そう》を見るべし」。〔中略〕その時に弥勒菩薩みずから疑《うたが》いを決せんと欲《ほっ》し、また四衆《ししゅ》の比丘《びく》・比丘尼《びくに》・優婆塞《うばそく》・優婆夷《うばい》および諸の天《てん》・竜《りゅう》・鬼《き》神等《じんとう》の衆会《しゅえ》の心を観じて、文殊師利に問うて言わく、「何の因縁を以てこの瑞神通《ずいじんずう》の相あり、大光明《だいこうみょう》を放ち東方万《とうほうまん》八千の土《ど》を照《てら》したもうに、ことごとく彼《か》の仏《ほとけ》の国界《こっかい》の荘厳《しょうごん》を見る」。〔以下略〕

そのときに、弥勒菩薩《みろくぼさつ》はこのように思いました。「いまブッダは不思議な相を現ぜられます。どうして、こういうめでたい姿を示されるのでしょうか。いまブッダは精神統一に入られました。この不思議ですばらしいことを示されましたのを、いったいだれに聞いたらいいのでしょう。どなたが答えてくださるでしょうか」。また、こうも思いました。「文殊さんは、かつて過去の世の中で多くの仏さまに近づき、仕えて供養しました。だからこの相を見ておられるだろう」と。ここに「文殊師利法王の子」とありますが、文殊菩薩は子どもの姿をしているので、「法王の子」と呼ばれるのです。

そこで、弥勒菩薩は自分の疑いを決しようと思って、また、四衆の人たちや天・竜・鬼神等の心を見て、文殊さんに、「こういうすばらしい光景が見られるのはなぜでしょうか」、と問うわけです。

このあとの漢訳書き下し文は省略しましたが、経典ではこのあと、弥勒菩薩の文殊菩薩への問いが、詩のかたちでくりかえされます。そして文殊は、弥勒および菩薩の群に向かい、「ああ、これからお釈迦さまが大いなる説法をなされようとしている。その内容は妙法蓮華、正しい教えの白蓮華《びゃくれんげ》である」と告げるのです。ここでも、答えは詩のかたちでくりかえし述べられます。

ここまでが『法華経』序品《じょほん》です。

仏、究極の趣旨を説く

つぎに、「方便品《ほうべんぼん》第二」に入っていきます。

その時に世尊、三昧《さんまい》より安詳《あんじょう》として起《た》って、舎利弗《しゃりほつ》に告げたまわく、「諸仏の智慧は甚深無量《じんじんむりょう》なり。その智慧の門は難解難入《なんげなんにゅう》なり。一切の声聞《しょうもん》・辟支仏《びゃくしぶつ》の知ること能《あた》わざる所なり。所以《ゆえ》は何《いか》ん、仏かつて百千万億《まんのく》無数《むしゅ》の諸仏に親近《しんごん》し、尽くして諸仏の無量の道法《どうほう》を行《ぎょう》じ、勇猛精進《ゆうみょうしょうじん》して、名称普《みょうしょうあまね》く聞えたまえり。甚深未曽《じんじんみぞ》有《う》の法を成就《じょうじゅ》して、よろしきに随って説きたもう所、意趣《いしゅ》解《さと》り難《がた》し。舎利弗、吾《われ》成仏《じょうぶつ》してよりこのかた、種種の因縁《いんねん》、種種の譬喩《ひゆ》をもって、広く言教《ごんきょう》を演《の》べ、無数の方便《ほうべん》をもって、衆生《しゅじょう》を引導《いんどう》して諸の著《じゃく》を離れしむ。所以は何ん、如来《にょらい》は方便・知見波羅蜜《ちけんはらみつ》、皆已《すで》に具足《ぐそく》せり。舎利弗よ。如来の知見は広大深遠《こうだいじんのん》なり。無《む》量《りょう》・無礙《むげ》・力《りき》・無所畏《むしょい》・禅定《ぜんじょう》・解脱《げだつ》・三昧あって深く無際《むさい》に入《い》り、一切未曽有の法を成就せり」。

そのとき世尊は、精神統一から安らかにゆったりと立ち上がり、そして舎利弗《しゃりほつ》にお告げになった。「もろもろの仏の智慧はまことに深くて限りない。その智慧の門は入りがたく、理解しがたいものである。声聞《しょうもん》や辟支仏《びゃくしぶつ》にはとうてい知ることのできないものである」と。

「舎利弗」はシャーリプトラ、「智慧第一」とされるお弟子ですね。「声聞」は声を聞く人、つまりブッダの教えを直接に聞いて、その教えを忠実に実践している人、「辟支仏」はもとのことばでプラティーカブッダ(pratyekabuddha)といい、ひとりで修行している人のことです。「独覚《どっかく》」とも「縁覚《えんがく》」とも言われます。かれらには、この深い智慧を知ることはできない。それはなぜか。

「仏はかつて多くの仏に親しみ、仕えて、それで実際に修行に励まれた。それでその誉れがあまねく聞こえた。舎利弗よ、わたしも仏となってからこのかた、いろいろの因縁、いろいろの比喩をもって教えを述べ、限りない方便をもって衆生を引き導いて、それで執著を離れさせた。そのわけはというと、仏は方便、知見の完成、それをみなすでに身に具えている」。「知《ち》見《けん》波《は》羅《ら》蜜《みつ》」は知る理解、見る直観、それの波羅蜜（パーラミター。「完成」の意）というわけですね。そして、いろいろ不思議な力を身に付けており、限りない境地に入っているというわけです。

「舎利弗《しゃりほつ》よ。如来は能《よ》く種種に分別《ふんべつ》し、巧《たく》みに諸法を説き、言辞柔軟《ごんじにゅうなん》にして、衆《しゅ》の心を悦可《えつか》せしむ。舎利弗よ。要《よう》を取ってこれを言わば、無量無辺未曽有《むりょうむへんみぞう》の法を、仏ことごとく成就したまえり。止《や》みなん、舎利弗よ。また説くべからず。所以《ゆえ》は何《いか》ん、仏の成就したまえる所は、第一希有難解《けうなんげ》の法なり。唯《ただ》仏と仏と乃《いま》し能く諸法の実相《じっそう》を究尽《くじん》したまえり。いわゆる諸法の如是相《にょぜそう》・如是性《にょぜしょう》・如是体《にょぜたい》・如是力《にょぜりき》・如是作《にょぜさ》・如是因《にょぜいん》・如是縁《にょぜえん》・如是果《にょぜか》・如是報《にょぜほう》・如是本末究竟等《にょぜほんまつくきょうとう》なり。」

「舎利弗よ、仏はよくいろいろと分別し、巧みに教えを説き、ことばは柔らかで、聞く人の心を喜ばせる。要点を言うならば、限りないすばらしい美徳を仏はことごとく成就して身に具えている。けれども、これを説くことは容易でない。なぜか。仏は第一の、最上の、すばらしい、難解な見事な理《ことわり》を具現している。これはただ、仏と仏とだけが理解しうることである、諸法の実相、ありとあらゆるものの真実の姿というものは、仏と仏とがお互いに理解し伝えられるものだからである」。

その実相、ほんとうの姿とは何かということで、ここに十挙げられています。「如是相」とはこれこれの特徴をもっているということ。「如是性」はこのような特質をもっているということ。「如是体」はこのような本体をもっているということ。「如是力」はこのような力をもっている、能力があるということ。「如是作」はこのような作用があるということ。「如是因」はこのような原因があるということ。「如是縁」はこのような縁があるということ。副次的な条件、原因を「縁」といい、その直接の結果が「果」です。だから「如是果」はこのような直接の結果があるということ。それから間接的な結果、これが「報」で、このような「如是報」があるということ。「如是本末究竟」は以上述べた九つのものがどのように一貫して連絡ができているかということ、これで十です。こういう真実の姿を仏さまはご存知だというのです。
ちなみに、この十を中国の天台大師は「十如是」と呼び、天台大師の教学、さらにわが国の日蓮上人の教学においても重要な意義を持つ教えとなりました。「十如是」とは仮りに「十のカテゴリー」と申してもいいでしょう。
そういう前おきのあとに、こんどは具体的な事柄に即して、教えが説かれます。

「舎利弗よ、善く聴け。諸仏は得たる所の法を無量の方便力《ほうべんりき》をもって、衆生《しゅじょう》のために説きたもう。衆生の心に念ずる所と、種種の行《ぎょう》ずる所の道と若干の諸の欲・性《しょう》と、先世《せんぜ》の善悪《ぜんなく》の業《ごう》とを仏はことごとくこれを知り已《お》わりて、諸の縁と譬喩《ひゆ》と言辞《ごんじ》と方便力とをもって、一切をして歓喜《かんぎ》せしめたもう。〔以下略〕」

「舎利弗よ」という呼びかけで始まりますが、舎利弗はさきほど申し上げたように、シャーリプトラのことで、ブッダの第一の弟子とか、「智慧第一」とか呼ばれた方です。非常に重要な、また聡明なお弟子でした。そのお弟子に向かって教えを説かれる、というかたちになっているわけですね。これはつまり、舎利弗に代表されるような伝統的・保守的な従来の仏教に対して、ブッダが大いなる立場を開き、それを示されるということなのです。

「もろもろの仏は自分が体得したところの理法を、いろいろの限りない方便の力をもって、衆生《しゅじょう》(生きとし生けるもの)のためにお説きになる。衆生が心に思っていること、また、その実践しているところの道、いろいろの欲求や習いとなった性質、過去の世の中においてつくった善・悪の行ない、そういうものを仏はことごとく知り終わって、そして諸々の縁(いわれ)、譬喩《ひゆ》(譬えばなし)、言辞《ごんじ》(ことば)、方便の力をもって、いっさいの生きとし生けるものを歓びに満ち溢れるようにしてしてくださった」。ここに「若干」とあるのは、ふつうわれわれが使う「多少」という意味ではなく、「いろいろ」という意味です。

「〔中略〕
仏子《ぶっし》にして、心浄《きよ》く、柔軟《にゅうなん》に、また利根《りこん》にして無量の諸の仏の所にて、深妙《じんみょう》の道を行《ぎょう》ずるものあり。
この諸の仏子のために、この大乗経を説き
われ、かくの如き人は、来世《らいせ》に仏道《ぶつどう》を成《じょう》ぜん、と記するなり。
深心《じんしん》に仏を念じ、浄戒《じょうかい》を修《しゅ》し持《たも》つをもっての故に
これ等は仏を得べしと聞いて、大いなる喜びが身に充遍《じゅうへん》するとき
仏は彼の心行《しんぎょう》を知り、故《かるがゆえ》に、ために大乗を説くなり。」

「仏道修行者で、心が浄く、柔らかでやさしく、また精神的素質が鋭くて、無量の、多くの仏のところで、深く妙なる道を実践している者もいる」。「仏子」とは仏の子、つまり仏弟子のことです。「利根」の「根」は精神的素質のことで、それが鋭いというわけです。

「こういうもろもろの仏子たちのために、この大乗の経典をこれから説いて、わたしはこのような人は来世に仏道を成ずるであろうと予言をする」。「仏道」とは仏の実践のことも申しますが、また、仏の伝えられるさとりをも意味します。「記する」とは、「こうか、ああか」という場合に「こうだ」と言って、はっきり断定して予言す

ることです。

「深い信仰心をもって仏を念じ、そして浄らかな戒律、戒めを修《しゅ》し、保っているから、これらの人々はみなやがては仏となることができるであろう。そう聞いて、彼らは大いなる喜びが身に充つることになる。それを仏は知っているから、だから大乗を説く」。「心行」とは、心の働きという意味です。ちなみに、サンスクリットの原文は、ただ「行ない」となっています。

「声聞《しょうもん》、もしくは菩薩にして、わが所説の法の
乃至《ないし》、一偈《げ》を聞かば、皆、成仏《じょうぶつ》せんこと疑なし。
十方《じっぽう》の仏土《ぶつど》の中には、唯《ただ》、一乗《いちじょう》の法のみありて
二も無く、また、三も無し、仏の方便《ほうべん》の説をば除く。
但《ただ》、仮《か》りの名字《みょうじ》のみをもって、衆生《しゅじょう》を引導《いんどう》するは
仏の智慧を説かんが故《ため》なり。諸仏の、世に出でたもうは
唯、この一事のみ実《じつ》にして、余の二はすなわち真に非ざるをもって
終《つい》に小乗《しょうじょう》をもって、衆生《しゅじょう》を済度《さいど》したまわざるなり。〔中略〕」

「声聞」は、すでに述べたように、伝統的・保守的な仏教の人たちです。これに対して、大乗の実践をする人が菩薩です。どちらにしても、「わたしが説くところの教え、あるいはそれを述べているたった一つの詩の文句でも聞いたならば、みな仏となることは疑いない」。みんな救っていただけるというのです。

仏教は長い歴史をもっていて、いろいろの教えが説かれました。ここに「十方の仏土」とありますが、「十方」とは、東・西・南・北の四方と、そのあいだの四つの中間の方角（北東・南東・北西・南西）、さらにそれに上・下を加えた十の方角なのです。その十の方角にそれぞれ、いろいろな仏さまのましたます仏国土がある。そんな広いところに、いろいろな教えはあるけれども、じつはただ一乗の教えだけがあるのだ。二つあるわけではないし、三つあるわけではない。仏さまが方便でもっていろいろお説きになったけれども、究極の趣意ということになると、これはただ一つしかない、というのです。

ちょっとわかりにくいかもしれませんが、現代を例にとれば、たとえば学校で、先生が子どもたち個人個人に応じた指導法をとりますね。乱暴な子どもに対しては「もう少しおとなしく静かに」と言い、元気のない子どもに対しては「しっかりせよ、元気を出せ」と言う。それだけ見れば矛盾しているようですが、けっしてそうではない。いずれも、ほんとうの人間をつくり出そうという高い目的から出ていて、精神は同じです。また、たとえば病院で、お医者さんが病人に対して、いろいろな薬をあてがいます。その薬の内容はいろいろで、人により違う。でも、それは、病人の体質とか病状とかに合わせて薬を配合しているのであって、病気を克服させて健康な人間をつくりだすという目的はいっしょです。

仏さまの場合もそれと同じで、いろいろな教えがあるようだけれど、それはみんな方便の教えであって、究極の趣旨はただ一つだというのです。だから、「仮の名前で衆生を引き導くのは、じつは仏の智慧を説くためである。もろもろの仏さまが世に出でられたのは、ただこの一つのみ真実である」、それ以外の教えは方便にすぎないというわけですね。

「もし曠野《こうや》の中において、土を積みて仏廟《ぶつみょう》を成《な》し
乃至、童子の戯れに、沙《すな》を聚《あつ》めて仏塔を為《つく》れる

かくの如き諸の人等《ら》は、皆、已《すで》に仏道を成《じょう》じたり。
もし人、仏のための故に、諸の形像《ぎょうぞう》を建立《こんりゅう》し
刻彫《こくちょう》して衆相《しゅそう》を成せば、皆已に仏道を成じたり。
あるいは七宝《しっぽう》をもって成し、鍮石《ちゅうじゃく》・赤白銅《しゃくびゃくどう》
白鑞《びゃくろう》および鉛《えん》・錫《じゃく》、鉄・木《もく》および泥《ない》
あるいは膠漆《きょうしつ》の布をもって、厳飾《ごんじき》して仏像を作れる
かくの如き諸の人等《ら》は、皆、已に仏道を成じたり。
綵画《さいえ》して仏像の、百福荘厳《ひゃっぷくしょうごん》の相を作るに
みずから作り、もしくは人をもせしめば、皆、已に仏道を成じたり。
乃至、童子の戯れに、もしくは草木および筆
あるいは指の爪甲《そうこう》をもって、画いて仏像を作る
かくの如き諸の人等《ら》は、漸漸《ぜんぜん》に功徳《くどく》を積み
大悲心を具足して、皆、已に仏道を成じ
但《ただ》、諸の菩薩のみを化《みちび》いて、無量の衆《しゅ》を度脱《どだつ》せり。」

ここではつまり、救われる道はいろいろある、そんなむずかしいことでなくてもいい、ということを、順次、例をあげて述べているわけです。

インドの曠野《こうや》は木も少ないし、非常に荒れ果てて淋しい感じがするのですが、そのなかで土を積んで、仏さまを祀るお堂をつくる。あるいは、子どもが戯れに砂を集めて、仏さまを拝むための仏塔、ストゥーパをつくる。また、人が仏さまを拝むために、仏像をつくったり、彫刻したりする。ここに「衆相《しゅそう》」とありますが、これはサンスクリットの原文では「三十二相」、仏さまの三十二の姿です。あるいは、七つの宝などで装飾して仏像をつくる。「鍮石《ちゅうじゃく》・赤白銅《しゃくびゃくどう》」は銅・真鍮のようなものをいい、「厳《ごん》飾《じき》」の「厳」は「飾る」という意味です。さらに、仏さまのお像を描いて、立派なすばらしいお姿をつくる。これは自分がつくったのでもいいし、人につくらせたのでもいい。これはみな、仏道を完成することになるのだ、というのですね。

子どもが戯れに、草や木、筆あるいは指の爪で仏さまの姿を描く、こういう人だって、やはり「漸漸《ぜんぜん》に」(順々に)功徳を積み、やがて「大悲心」(偉大な愍《あわ》れみの心)を身に具《そな》えて、仏道を完成することになる。

そして、さらに続けます。

「もし人、塔廟の、宝像および画像《えぞう》において
華《け》・香《こう》・幡《ばん》・蓋《がい》をもって、敬心《きょうしん》にして供養《くよう》し
もしくは人をして楽《がく》を作《な》さしめ、鼓《つづみ》を撃ち、角《つのぶえ》・貝《ほらがい》を吹き
簫《しょう》・笛《ちゃく》・琴《きん》・箜篌《くご》、琵琶《びわ》・鐃《にょう》・銅鈸《どうばつ》
かくの如き衆《もろもろ》の妙音を、ことごとく持って、もって供養《くよう》し
あるいは歓喜《かんぎ》の心をもって、歌唄《かばい》して仏の徳を頌《じゅ》し
乃至、一の小音をもってせしも、皆、已《すで》に仏道を成《じょう》ぜり。
もし人、散乱の心にて、乃至、一華《いっけ》をもっても
画像に供養せば、漸《ようや》く無数の仏を見たてまつる。
あるいは人ありて礼拝し、あるいはまた但《ただ》、合掌《がっしょう》のみし
乃至、一手を挙げ、あるいはまた小《すこし》く頭を低《た》れて
これをもって像に供養せば、漸く無量の仏を見たてまつり
自ら無上道を成じて、広く無数の衆《しゅ》を度し
無余涅槃《むよねはん》に入ること、薪《たきぎ》の尽きて火の滅するが如し。

もし、人、散乱の心にて、塔廟の中に入りて
一たび南無仏《なむぶつ》と称《とな》えば、皆、已に仏道を成ぜり。〔以下略〕」

「塔廟」、ストゥーパや立派な仏像、絵画、こういうようなものに対して、花だのお香だの幡《ばん》(布・金銅などで作る旗)だの蓋《がい》(傘のようなもの)だのをお供えして、敬う気持ちでお供養する。あるいは音楽をお供養する。ここに楽器の名前がいろいろ出ておりますが、こういう妙なるすばらしい音楽をもって仏さまを供養し、あるいは歓びの心で歌を唄って仏さまの徳を讃える。これらもみな、仏の道を完成することになる。

そして、「散乱の心」、乱れたままの心でいいから、一つの華を捧げて、ご仏像に供養する。そうすると、順次に無数の仏さまを見たてまつる。「漸く」は「順次に」という意味です。われわれ凡夫はなかなか心を落ち着かせて統一できないものですが、心が散乱していてもいいのだ、というのですね。さらにまた、合掌をするというとき、なにかものを持っていたりして、手を合わせることができなければ、片方の手を挙げるだけでもいい、あるいはちょっと頭を垂れて拝むということでもいい。

「こういうぐあいにして、仏さまに供養したのならば、次から次へと仏さま方を見

たてまつって、無上のさとりの道を完成し、広く数限りない多くの人々を救って、究極の境地に到達する。これは薪が燃え尽きて火が消えるようなものだ」。そして、乱れたままの心で、ただ「南無仏」と称えるだけでもいい、みな救われる。

偉大なお慈悲の気持ちがここに述べられているのです。

第 16 回

慈悲もて導く

──『法華経』(2)

カニシカ王金貨　左がカニシカ王像，右がブッダ像．ペシャワール博物館蔵．

『法華経』は総じて、仏の偉大な慈悲を強調しています。立派な修行を行なっている人々はもちろん、どんなに愚かなものであろうとも、一切の衆生を救おうとする。そのため、どのような衆生でも真の道理を理解できるように、という趣旨で、各品《ほん》（各章）ごとに、いろいろの教えが述べられます。どの教えについて申しても、究極の境地まで導いていってくださる、そこには広大なお慈悲があるというわけです。

今回の講義でとりあげますのは、「信解品《しんげほん》第四」「常不軽菩薩品《じょうふきょうぼさつほん》第二十」の二つの章です。

「長者窮子の譬喩」

「信解品第四」という章にはとくに有名な譬《たと》えがあり、昔から「長者窮子《ちょうじゃぐうじ》の譬喩《ひゆ》」といわれています。その要点は次のようなものです。

お金持ちの長者があるところにおられた。ところが、子どもがそこから離れていった。そしてその子は、貧窮に苦しみ、心が沈んで、心が萎縮《いしゅく》してしまっている。その子どもをふと見出した長者は、長い年月をかけてだんだんとわが子の身分を高め、その子にふさわしい対応のしかたをつぎつぎと示して、しだいに心を開かせる。最後には、自分の全財産また地位を受け継がせるという話です。これは、仏さまの慈悲というものはそのようなものである、という譬えなのですね。つまり、われわれは愚かであるけれども、やがてはだんだんと高い境地へ導いていってくださる、という仏の深い慈悲の心、その道理が「長者の困窮した子ども」という譬え話で述べられているのです。

では、「信解品第四」をみていきましょう。

譬《たと》えば人あって、年《とし》すでに幼稚《ようち》にして父を捨てて逃逝《ちょうぜい》し、久しく他国に住して、あるいは十・二十より五十歳に至る。年すでに長大《ちょうだい》してますますまた窮困《ぐうこん》し、四《し》方《ほう》に馳騁《ちちょう》して以て衣食《えじき》を求め、漸漸《ぜんぜん》に遊行《ゆぎょう》して本国に遇《あ》い向いぬ。

ある男の子がいて、幼いときに父のもとから逃げ出し、長いこと他の国に住んで、十歳二十歳から五十歳にいたった。もうすっかり年は長じたが、ますます生活に困ってしまい、あちこちに流れ者として雇われて働き、それによって辛うじて衣食の糧を求めていた。そして、だんだんとへめぐっていて、たまたま、自分の生まれたもとの国のほうへ向かって行った。

つまり、この子は家出したのですね。「馳騁《ちちょう》」はいたる所で働くこと、「遊行《ゆぎょう》」の「遊」はおもむくということで、「遊行」とは「へめぐる」という意味です。「遇《あ》い向いぬ」は、こういう読み方もありますが、「遇」という字は「たまたま」とも読みます。いずれにせよ、ちょうど自分の生まれた国のほうへ向かったわけです。

その父先よりこのかた、子を求むるに得ずして一城《いちじょう》に中止《ちゅうし》す。その家大いに富んで財宝無量《むりょう》なり。〔中略〕時に貧窮《びんぐ》の子、諸《もろもろ》の聚落《じゅらく》に遊び国邑《こくおう》に経歴《きょうりゃく》して、遂《つい》にその父の所止《しょし》の城に到りぬ。父つねに子を念《おも》う。子と離別して五十余年〔中略〕みずから念《おも》わく、「老朽《ろうく》して多く財物あり。金《こん》・銀《ごん》・珍宝《ちんぽう》、倉庫に盈溢《よういつ》すれども、子《し》息《そく》あることなし。一旦に終没《じゅうもつ》しなば、財物散失して委付《いふ》する所なけん」。ここを以て慇懃《おんごん》につねにその子を憶《おも》う。

ところで、一方、そのお父さんは、前々から子どもを探していました。子どもはいったい、どこへ行ったのだろう？ それで一つの城にとどまり、住んでいたのです。「中止」というのは「とどまる」という意味です。その家はたいへん豊かで富んでおり、財宝が無量でした。

ところで、その貧しく困窮した子どもはあちこちの聚落《じゅらく》へ行き、国々をへめぐって、そしてついに、その父のいるところの城にきました。父はいつも、子どものことが忘れられなく思っていたのですね。「ああ、自分はあの子と別れてから五十余年になる」と。そして、お父さんの嘆きです。「ああ、自分はもう老い朽ちて、老いぼれた。財産がたくさんあって、金・銀・珍しい宝、こういうのが倉庫に満ちているのに、子どもがいない。いったん自分が亡くなって消えてしまえば、財産は散逸してしまう、もうだれにやるということができない」。

インドでは跡継ぎの子どもがいないと、その父親の財産は国王に没収されてしまうのです。だからぜひ、子がいなければいけない。子を求めるという気持ちが古代インドでは強かったのです。そこで子どものことばかり思っていた、というのです。

ちなみに、お城に住んでいたというのですが、インドのお金持ちというのはものすごいのですよ。今日でも、大きな塀《へい》に囲まれたお城のようなところに住んでいるお金持ちがおります。わたしもそういう人を知っています。たとえば、ボンベイの丘の上に住んでいるある大金持ちは、周りを高い塀で囲んでいて、なかに一五〇人の人がいる。召使の人々もまた、みんなそのなかに住み込んでいるのです。自動車だけでも一八台あり、このごろは二五台に増えたという。それがみんなそのお城のなかにある。一五〇人も住んでいますから、お屋敷のなかでときどき、人がものを売りにきて市が立ったりします。インドには、そういうお金持ちがいまでもおりますから、お城のような大邸宅に住んでいたという、こういう表現は十分理解できるのです。

〔中略〕その時に窮子《ぐうじ》、傭賃展転《ようにんてんでん》して父の舎《いえ》に遇《あ》い到りぬ。門の側《ほとり》に住立《じゅうりゅう》してはるかにその父を見れば、師子《しし》の牀《ゆか》に踞《こ》して宝几《ほうき》足《あし》を承《う》け、〔中略〕かくの如き等《ら》の種種の厳飾《ごんじき》あって威徳特尊《いとくどくそん》なり。窮子父の大力勢《だいりきせい》あるを見て、すなわち恐怖《くふ》を懐《いだ》いて、ここに来至《らいし》せることを悔《く》ゆ。

ちょうどそのとき、困窮した子は、雇われて賃金労働者として流れ流れて、父の家にたまたまやってきた。門のそばに立って、はるかにその父を見ると、父は立派な座席に腰掛けていて、そこには、宝で飾られたような足うけがある。……このようなさまざまな飾りがあって、その威光はとくに優れている。困窮した子は、父のたいへんな威勢があるのを見て恐れをなし、来たことを悔いた。

「師子の牀《ゆか》」とはインドでは「師子座《ししざ》」と申しますが、立派な座席のことです。これは同時にベッドにもなる。立派だから、それを百獣の王である獅子(師子)に譬えて、こう名づけるわけです。また、「厳飾《ごんじき》」の「厳」は、「いかめしい」という意味ではなくて「飾る」という意味です。

〔中略〕「もし久しくここに住せば、あるいは逼迫《ひっぱく》せられ強《し》いて我をして作《な》さしめん」。この念《ねん》を作《な》し已《おわ》って、疾《と》く走って去りぬ。時に富める長者師子《しし》の座においても、子を見てすなわち識《し》りぬ。〔中略〕すなわち傍人《ぼうにん》を遣《つか》わして、急に追うて将《ひき》いて還《かえ》らしむ。〔中略〕時に窮子《ぐうじ》みずから念《おも》わく、「罪《つみ》なくして囚執《とら》えらる、これ必《ひっ》定《じょう》して死せん」。転《うた》たさらに惶怖《おうふ》し、悶絶《もんぜつ》して地《じ》に躃《たお》る。父はるかにこれを見て使《つか》いに語って言わく、「〔中略〕冷水《りょうすい》を以て面《おもて》に灑《そそ》いで醒悟《しょうご》することを得せしめよ」。〔中略〕使者これに語《かた》らく、「我今汝《なんじ》を放《ゆる》す、意《こころ》の所趣《しょしゅ》に随え」。窮子《ぐうじ》歓喜《かんぎ》して未曽有《みぞう》なることを得て、地より起きて貧里《びんり》に往至《おうし》して、以て衣食《えじき》を求む。

その子は、ああ、自分はどうしてこんなところへきたのだろう、と後悔したのですね。「もしもここに長くいたら、圧迫されて、そしてわたしにいろいろなことをさせるんじゃないか」、これは逃げたほうがいいと思って、走り去ってしまった。ところが、師子座に腰掛けていたその豊かな長者は、「ああ、あそこにわが子がいた」と気づいて、傍《かたわ》らにいる人に命じてあとを追っかけさせた。そして連れ戻したわけです。

そうすると、そのとき困窮した子は心に思ったのです。「ああ、自分は罪もないのに捕らえられた。どうしたんだ、これはきっと殺されるんじゃないか」と。ますます驚き慌て、恐れたあげく、ついに気絶して地面に倒れてしまったのですね。父は遠くからこれを見ていて、使いに語って、いろいろ命令を授けた。「冷たい水を顔にかけて、目を覚まさせてあげなさい」と。

使者はその命令のとおりにして、その子に言った。「わたしはいま、おまえさんを許してやる。だから、好きなとおりになさい」。この困窮した子はたいへん喜び、これはいまだかつてないこと、すばらしいことだと思い、地面から起きて、また貧しい仲間のいるところへ行き、衣服や食物を求めた。

その時に長者、将《まさ》にその子を誘引《ゆういん》せんと欲して、方便《ほうべん》を設けて、密《ひそ》かに二人《にん》の形《ぎょう》色憔悴《しきしょうすい》して威徳《いとく》なき者を遣《つか》わす。汝彼に詣《かしこ》いてようやく窮子《ぐうじ》に語るべし、「ここに作処《さしょ》あり。倍《ま》して汝に直《あたい》を与えん」。〔中略〕もし「何の所作《しょさ》をか欲す」と言わばすなわちこれに語るべし。「汝を雇《やと》うことは糞《あくた》を除《はら》わしめんとなり」。〔中略〕その時に窮子まずその価《あたい》を取って、尋《つ》いでともに糞を除う。

そのとき、そのお金持ちはその子を誘って自分のほうへ引きつけようとし、そこで方便として、ひそかに、二人の、見た目はやつれていてあまり偉そうでもないものを遣わした。「おまえたちはあそこへ行って、あの困っている子に言いなさい。「仕事がある、ここで仕事をしてくれれば、おまえさんに賃金を与えよう」と。……もし、

「どんなことをすればいいんですか」と訊かれたら、こう言いなさい。「おまえを雇うのは糞《あくた》を除かせるためである」、と」。

つまり、いきなり立派なものをやると、びっくりしてしまうから、同じような風采の仲間のものをやれば話もしよいだろうというわけです。また、「ここに作処《さしょ》あり」、働く場所がある、とありますが、インドでは当時、カーストによってなす仕事がちがいました。召使の一人の人が何でもかんでもやるというのではないのです。そしてその困窮した子は、まずその賃金をもらい、糞を除く仕事に従った。

その父、子を見て愍《あわ》れんでこれを怪《あや》しむ。また他日《たじつ》を以て窓牖《まど》の中《うち》より、はるかに子の身を見れば、羸痩憔悴《るいしゅしょうすい》し、糞土塵坌汙穢不浄《ふんどじんぼんわえふじょう》なり。すなわち瓔珞《ようらく》・細輭《さいなん》の上服《じょうぶく》・厳飾《ごんじき》の具《ぐ》を脱いで、さらに麤弊垢膩《そへいくに》の衣《ころも》を著《き》、塵土《じんど》に身を坌《けが》し、右の手に除糞《じょふん》の器《うつわ》を執持《しゅうじ》して、畏《おそ》るる所あるに状《かた》どれり。諸の作人《さにん》に語らく、「汝等勤作《なんだちごんさ》して懈息《けそく》すること得ること勿《なか》れ」と。方便を以ての故にその子に近づくことを得つ。〔中略〕後《のち》にまた告げて言わく、〔中略〕「我汝が父の如し、また憂慮《うりょ》することなかれ。〔中略〕今より已後《いご》、所生《しょしょう》の子の如くせん」。〔中略〕その時に窮子《ぐうじ》この遇《ぐう》を欣《よろこ》ぶといえども、なおみずから客作《かくさ》の賤人《せんにん》と謂《おも》えり。これに由《よ》るが故に、二十年の中《うち》において常に糞《あくた》を除《はら》わしむ。

父は子を見て、哀れな姿をしているので悲しく思い、いろいろ考えたわけですね。痩せてやつれ、汚らしいのですから。それで、父はみずから、装飾に満ちた衣服を脱いで、垢まみれの衣をつけ、その子に近づこうとするわけです。「瓔珞《ようらく》」とは宝石をつけたような垂れる首飾り、「細輭《さいなん》の上服《じょうぶく》」とは非常にデリケートで柔らかな立派な服、「厳飾《ごんじき》の具」とは飾る装飾の品々のことです。

父は「麤《そ》弊《へい》垢《く》膩《に》の衣」、つまり汚らしい衣を着て身を汚くし、そして、糞を除くための道具を持って、掃除人夫に似たような姿をした。そして、召使たちに、「さあ、おまえたちもいっしょに働け」と言い、その子に近づくことができました。

そして父は、子に向かって、「自分はおまえの父のようなものだ、だから心配するな」「これから後は、自分のところで生まれた子どものようにしよう」と言ったわけです。困窮した子どものほうでは、この待遇を喜んだのですが、けれどもまだ、外からきた卑しい労働者である、と自分では思っていました。こういうようなわけで、長者は子どもに二十年のあいだ、糞の掃除をさせたのです。

これを過ぎて已後《いご》、心相体信《こころあいたいしん》して入出《にゅうしゅつ》に難《はばか》りなし。しかもその所止《しょし》はなお本処《ほんじょ》に在《あ》り。世尊、その時に長者疾《やまい》有って、みずから将《まさ》に死せんこと久しからじと知って、窮子《ぐうじ》に語って言わく、「我今《われいま》多く金《こん》・銀《ごん》・珍宝《ちんぽう》有って倉庫に盈溢《よういつ》せり。その中の多少、取与《しゅよ》すべき所、汝《なんじ》ことごとくこれを知れ」。〔中略〕また少時《しょうじ》を経《へ》て、父、子の意《こころ》漸《ようや》く已《すで》に通泰《つうたい》して、大志《だいし》を成就《じょうじゅ》し、みずから先《さき》の心を鄙《いやし》んずと知って、終《おわ》らんと欲する時に臨《のぞ》んで、その子に命じ、ならびに親族《しんぞく》・国王《こくおう》・大臣《だいじん》・刹利《せつり》・居士《こじ》を会《あつ》むるに皆ことごとく已に集《あつ》まりぬ。すなわちみずから宣言《せんごん》すらく、「諸《しょ》君《くん》まさに知るべし、これはこれ我が子なり、〔中略〕今吾《わ》が所有《しょう》の一切の財物は皆これ子の有《う》なり」。〔中略〕この時に窮子、父のこの言《ことば》を聞いてすなわち大いに歓《かん》喜《ぎ》して、未曽有《みぞう》なることを得て、この念《ねん》を作《な》さく、「我本《われもと》心に悕求《けぐ》する所あることなかりき。今この宝蔵《ほうぞう》、自然《じねん》にして至りぬといわんが如し」。〔以下略〕

それからだんだん、心を許して、お互いに信用するようになって、それで入ったり出たりするのに憚《はばか》ることもなくなった。

そのうちに、長者は病にかかり、自分の死が近いことを知りました。それで長者は、困窮した子どもに語って言います。「いま自分には、たくさんの金銀や珍しい宝があり、倉庫に満ち満ちている。そのなかのどれだけでも、もうほしいだけ、とりなさい」。

それからまた、しばらくたってから、父は子どもの心がようやく通じてきたことを知り、もうまもなく命が終わるだろうというとき、その子に命じて、親族・国王・大臣、刹利《せつり》、居士を集めさせました。「刹利」はクシャトリアの音を写したもので王族のこと、「居士」は資産家のことです。みんなを集めたところで、そこで父は宣言します。「さあ、皆さん、いいですか、よく心得てください。ここにいる子は実はわたしの子なのです。……自分が持っている一切の財産はみなこの子のものになるのです」。

このとき、困窮した子は父のことばを聞き、たいへん喜びます。「ああ、これはすばらしいことだ」と思ったが、そこで思いました。「わたしは何もこういうものを求めたり、願ったりすることはなかった。ところが、この宝の蔵がひとりでに自分のものになった」。そこですべてわかったというのです。

最後のところで、「自然にして」となっていますが、これはおそらく、翻訳者の鳩《く》摩《ま》羅什《らじゅう》、あるいはその仲間の人たちが中国の思想にもとづいて、こういう表現をしたのだと思います。サンスクリットの原文は「たちまちに」ということばになっており、たしかに「たちまちに」というのがそのときの実状をあらわしていると思います。しかし、中国の思想としては、昔から「自然」ということを尊びます。だから、「自分は何もわざわざもらおうなんて、そんなあくせくはしなかったけれども、ひとりでに得られたのだ」と感じたほうが、仏さまのお慈悲のありがたさをよけいに印象づけることになるかと思うのです。

なお、この長者の臨終の場面は、当時のインド社会を考えるうえでたいへん興味深いので、少しふれておきましょう。ここでこの長者は、国王・王族・大臣まで、自分のところへ呼びつけているわけですね。これはたいへんなことで、インドの他の文芸作品や宗教聖典には出てこない姿です。これはつまり、『法華経』がつくられたこのころ、インドでは貨幣経済が非常に進展していたことを示しているのです。

実際、この時代につくられた金貨が歴代のインドの貨幣のなかでもいちばん純粋で立派でした。西のほうのローマ、アラビアとの貿易がさかんになって、ローマの金がどんどんインドへ流れてきており、ローマの元老たちが「ああ、おまえたちローマ人よ、こんな贅沢をするものだから、ローマの大切な金が毎年、インドへどんどん流れていく。これは警戒しなければいけない」といって戒めたことが、ラテン語の文献に残っております。

ローマの金がインドへ流れたのに対応して、北インドのクシャーナ王朝はすばらしい金貨をつくりました。南インドでは、自分たちで金貨をつくらないでローマの金貨をそのまま交換手段に使ったようで、そこに若干ちがいがありますが、同じように交易が非常にさかんでして、商業資本の力というものが非常に強くなった。そのために国王といえども一目おかなければならなくなった。そういう社会情勢が、この物語のなかに反映しているのです。

以上が「信解品」の有名な譬えばなしです。

ちなみに、これに似た話は、インドのヴェーダーンタ学派のほうでも伝えられています。そこでは、国王の子どもがたまたま漁師の子どもとして育てられ、やがてその身分を打ち明けられるという物語で、ヴェーダーンタ学派の哲学の書物に出ております。ここでは仏さまの慈悲を説くのではなく、そのかわりに、国王をアートマンの譬えとします。アートマンとは人間の内にある本体のことで、それを譬えたものだということになっています。

同工異曲の物語が西洋にもありますね。たとえば『聖書』にも、プロディガル・サン(prodigal son)、放蕩息子が戻ってくるという話が出ております。なにか諸国の諸文明を通じて心に訴えるところのある物語です。

いかなる人をも尊び拝む菩薩

次に「常不軽《じょうふきょう》菩薩」の物語をご紹介いたしましょう(「常不軽菩薩品第二十」)。

これは、「常不軽菩薩」と名づけられた菩薩が、不撓《ふとう》の決意をもって仏道を実践した、そうして、人に対する尊敬の念を身に具現しており、いかなる人をも尊び拝んだ、という尊い話です。『法華経』全体で申しますと、全部で二十八章(二十八品)あるなかの二十番目ですから、終りのほうに出てくる物語です。全体の続きのなかから切り離

ストゥーパに描写されているブッダ像　5世紀．サールナート博物館蔵．

して、独立にお伝えすることも可能な物語であると思います。

その時に仏は得大勢菩薩摩訶薩《とくだいせいぼさつまかさつ》に告げたまわく、「汝今まさに知るべし、もし比丘《びく》・比丘尼《びくに》・優婆塞《うばそく》・優婆夷《うばい》の法華経を持《たも》たん者を、もし悪口《あっく》・罵詈《めり》・誹謗《ひぼう》することあらば、大いなる罪報《ざいほう》を獲《え》んこと前《さき》に説く所の如し。その所得《しょとく》の功徳《くどく》は、向《さき》に説く所の如く眼《げん》・耳《に》・鼻《び》・舌《ぜつ》・身《しん》・意《い》、清浄《しょうじょう》ならん」。

そのとき、仏さまは得大勢《とくだいせい》菩薩に言われた。「摩訶薩《まかさつ》」というのは、「偉大な人」という意味の一つの形容語ですね。得大勢菩薩は「大勢至《だいせいし》」ともいい、阿弥陀仏《あみだぶつ》のお弟子です。「智慧第一」とされました。仏さまがこの得大勢菩薩に語るかたちで、この章はすすむのです。

仏は言います、「よろしいですか、この話を知りなさい、比丘・比丘尼・優婆塞・優婆夷、こういう人々が『法華経』をたもっている。もしそういう人を罵《ののし》るというようなことをしたならば、たいへんな罪を得る」。比丘は出家修行者、比丘尼は出家している尼さん、優婆塞は世俗の男性の信者、優婆夷は女性の信者で、これを「四衆《ししゅ》」

と申します。

そして、「この『法華経』をたもつ功徳は、前にも説いたように、眼《げん》・耳《に》・鼻《び》・舌《ぜっ》・身《しん》・意《い》が浄らかになる」。ここで「身」というのは「身体」の意味ですが、同時に皮膚の感覚のことをいいます。「意」は「心」。これが「六根」ですね。それが浄らかになるというわけで、ここから「六根清浄《ろっこんしょうじょう》」ということばが出てくるのです。昔からお山に登るときに、金剛杖をついて登りながら、「六根清浄、六根清浄」と称《とな》えます。お山の霊気、神聖な気に打たれて、身も心も浄らかになる、また、そうなりたいという願いが示されているのですが、こう称えるのはこういうところを受けているのです。

「得大勢《とくだいせい》、乃往古昔《ないおうこじゃく》に無量無辺不可思議阿僧祇劫《むりょうむへんふかしぎあそうぎこう》を過ぎて仏いましき。威音王如《いおんのうにょ》来《らい》・応供《おうぐ》・正偏知《しょうへんち》・明行足《みょうぎょうそく》・善逝《ぜんぜい》・世《せ》間解《けんげ》・無上士《むじょうじ》・調御丈夫《じょうごじょうぶ》・天人師《てんにんし》・仏《ぶつ》・世《せ》尊《そん》と名づけたてまつる。劫《こう》を離衰《りすい》と名づけ、国《くに》を大成《だいじょう》と名づく。その威音王仏彼《か》の世の中において、天《てん》・人《にん》・阿修羅《あしゅら》の為《ため》に法を説きたまう。声聞《しょうもん》を求むる者の為には応ぜる四諦《したい》の法を説いて、生《しょう》・老《ろう》・病《びょう》・死《し》を度《すく》い涅槃《ねはん》を究竟《くきょう》せしめ、辟支仏《びゃくしぶつ》を求むる者の為には応ぜる十二因縁《じゅうにいんねん》の法を説き、諸の菩薩の為には、阿耨多羅三《あのくたらさん》藐三菩提《みゃくさんぼだい》に因《よ》せて、応ぜる六波羅蜜《ろくはらみつ》の法を説いて仏慧《ぶって》を究竟せしむ。」

「得大勢よ、大昔、数えられないほど長い大昔に仏さまがいらっしゃった。その方は威音王如来《いおんのうにょらい》といわれる」。もとのことばで「阿僧祇《あそうぎ》」はアサンキェーヤ、「劫《こう》」はカルパで、ともに数えられないほど多いことをいいます。

そして、そのあと、仏さまの十の称号がつづきます。「応供《おうぐ》」は尊敬されるべき人、供養さるべき人。「正偏知《しょうへんち》」は正しく知っている人、悟っている人。「明行足《みょうぎょうそく》」は智慧も行ないも完全に具わっている人(「明」は智慧、「行」は行ない、「足」は足りている、具わっている、の意)。「善逝《ぜんぜい》」は善く逝きし人、うまく幸せになった人。「世間解《せけんげ》」は世間を知っている人。「無上士《むじょうじ》」は無上の人。「調御丈夫《じょうごじょうぶ》」は丈夫さえも調練し、調えることのできる人、ちょうど馬を調練するように人間を御する人。「天人師《てんにんし》」は神々と人間との師。「仏」はさとった人、「世尊」は世にも尊き方。これはみな、仏さまの称号なのです。

この仏さま、威音王如来が出られたときの、その長い時期を「離衰《りすい》」、衰えることがない時期といい、また、いらっしゃった国を「大成《だいじょう》」、立派に完成する、といって、そこでこの仏さまは、神々や人々、さらに阿修羅のために法を説かれた、というのです。「声聞《しょうもん》」とは伝統的な教えを忠実に実践しようと願っている人々で、かれらには「四諦《したい》の法」を説いた。「四諦」は四つの真理ということで、これはブッダがヴァーラーナシー（ベナーレス）の郊外の鹿野苑《ろくやおん》で最初に説かれたという、「苦《く》・集《しゅう》・滅《めつ》・道《どう》」の仏教の四つの要点です。この「四諦の法」により、生・老・病・死を救い、涅槃を逮《たい》得《とく》させた。また、「辟支仏《びゃくしぶつ》を求むる者」とは、自分ひとりでさとりを求めたいという人で、その修行者のためには「十二因縁の法」を説いた。これはわれわれがいま苦しんでいる、そのもとは何だろうと思ってずっとさかのぼって、それで十二の項目を立てたというもので、いちばん奥には人間の迷い、「無明《むみょう》」がある。それがなくなれば、この苦しみもなくなるという趣旨です。十二項目を立てますから十二因縁というのです。さらに菩薩のためには「阿《あ》耨《のく》多《た》羅《ら》三《さん》藐《みゃく》三《さん》菩《ぼ》提《だい》」(「無上の正しい完全なさとり」)にことよせて、六つの完全な徳、「六《ろく》波《は》羅《ら》蜜《みつ》」(布施・持戒・忍辱・精進・禅定・智慧)を説いた、といいます。

「得大勢《とくだいせい》、この威音王仏《いおんのうぶつ》の寿《じゅ》は四十万億那由他恒河沙劫《まんのくなゆたごうがしゃこう》なり。正法世《しょうぼうよ》に住せる劫《こっ》数《しゅ》は一閻浮提《えんぶだい》の微塵《みじん》の如く、像法世《ぞうぼうよ》に住せる劫数は四天下《てんげ》の微塵の如し。その仏、衆生を饒益《にょうやく》し已《おわ》って、然《しか》して後《のち》に滅度《めつど》したまいき。正法《しょうぼう》・像法滅尽《ぞうぼうめつじん》の後、この国土においてまた仏出《い》でたもうことありき。また威音王如来《いおんのうにょらい》・応供《おうぐ》・正偏知《しょうへんち》・明《みょう》行足《ぎょうそく》・善逝《ぜんぜい》・世間解《せけんげ》・無上士《むじょうじ》・調御丈夫《じょうごじょうぶ》・天人師《てんにんし》・仏《ぶつ》・世尊《せそん》と号《なづ》けたてまつる。かくの如く次第《しだい》に二万億《まんのく》の仏います、皆同じく一号《ごう》なり。」

この威音王仏《いおんのうぶつ》という仏さまの寿命は、四十万億那由他恒河沙劫《なゆたごうがしゃこう》だといいます。「劫」じたい、たいへんな数なのですが、さらに「恒河沙」、つまりガンガー河の砂のように多い。「那由他」はサンスクリットのナユタを写したもので、千万ともいいますし千億ともいいます。伝えはいろいろありますけれど、いずれにせよ、きわめて大きな数量の単位であることはまちがいない。それをまた四十万億もかけた、というわけです。こういう途方もない数が次々にでてきます。「正法世《しょうぼうよ》」とは、正しい仏さまの教えが世にとどまっていた間をいうのですが、これも一つの「閻浮提《えんぶだい》」(インド大陸全体をいいます)の微塵《みじん》の数に「劫」をかけたほどの長い時間だったというのです。「微塵」、これはインドでは原子のことをいいます。そうなると、いったいどれくらいあるものか。これは無数という以外にありませんね。そして「像法世《ぞうぼうよ》」、これは正しい教えにかたどった教えが残っていた時代のことをいうのですが、これにいたっては、「四天《てん》下《げ》」、四大洲のすべての微塵に「劫」をかけた時間だというのです。

そして、これほど長かった「正法」「像法」の時代、衆生のためをはかって、教えを説いて、後にお亡くなりになったというのです。

そして一度は正法も像法も滅して末法の世となったのですが、そうしたら、また仏さまがお出になった。こういうぐあいにして、二万億の仏さまがいらっしゃった。「一号」というのは、同一の称号を持っているということです。つまり、みな同じお名前であった。

そして、いよいよ「常不軽菩薩」の話に入ります。

最初の威音王如来《いおんのうにょらい》すでに滅度《めつど》したまいて、正法滅して後、像法《ぞうぼう》の中《なか》において、増《ぞう》上慢《じょうまん》の比丘、大勢力《だいせいりき》あり。その時にひとりの菩薩比丘あり、常不軽《じょうふきょう》と名づく。得《とく》大勢《だいせい》、何の因縁《いんねん》を以てか常不軽と名づくる。この比丘およそ見る所あるもしは比丘・比丘尼・優婆塞・優婆夷を皆ことごとく礼拝讃歎《らいはいさんだん》して、この言《ことば》を作《な》さく、「我深く汝等《なんだち》を敬う、あえて軽慢《きょうまん》せず。所以《ゆえ》は何《いか》ん、汝等皆菩薩の道《どう》を行《ぎょう》じて、まさに作仏《さぶつ》することを得べし」と。しかもこの比丘、もっぱらに経典《きょうでん》を読誦《どくじゅ》せずして、但礼拝《ただらいはい》を行ず。乃至《ないし》遠く四衆《しゅ》を見ても、またまた故《ことさ》らに往《ゆ》いて礼拝讃歎して、この言《ことば》を作《な》さく、「我あえて汝等を軽《かろ》しめず、汝等皆まさに作仏すべきが故に」と。

最初の威音王如来が亡くなって、正法も滅したあと、像法の時代に、「増上慢」、つまり心のおごっている修行僧たちが出て、それが勢力を持っていたことがある。そのときに一人の菩薩の修行僧がいた。常不軽という名であった。「常不軽」とは、常に人を軽んじることがない、常に尊敬するという意味で、これは鳩摩羅什独特の訳語です。

じゃ、なぜそう言ったかというと、この修行僧はだれを見ても、敬礼してほめ讃え、こう言うのですね、「わたしはあなた方を深く敬います。軽んじ侮るようなことはいたしません」。つまり、どんな人に対しても尊敬して、侮るということをしない。この漢訳では「汝等」ということばを使っていますが（「なんだち」というのが昔からの読み方です）、サンスクリットの原文を見ますと、「あなた方」という、わりあい丁寧なことばが使われています。

なぜ敬うか。「あなた方はみな菩薩の行ないを実践していつかは仏になることができる」からだというのです。そしてこの修行者は、経典を読誦することは必ずしもしないで、礼拝だけを行なっている。だれを見ても、そこへ行って拝んで、讃えて、そして、こう言う、「わたしはあなたを敬います。なぜかというと、あなたはいつかは仏さまになられる方ですから」と。いかなる人でも仏性を持っている、仏となりうる可能性がある、だから、いかなる人をも尊ぶというのですね。この精神は非常に尊いものです。

ところが、その趣意がわからず、怒りだす人がいた。

四衆《ししゅ》の中に瞋恚《しんに》を生じて心不浄《ふじょう》なる者あり。悪口罵詈《あっくめり》して言わく、「この無智《むち》の比丘、何《いず》れの所より来《きた》って、みずから我汝を軽しめずと言って、我等がためにまさに作仏《さぶつ》することを得べしと授記《じゅき》する。我等かくの如き虚妄《こもう》の授記を用いず」と。

かくの如く多年《たねん》を経歴《きょうりゃく》して、常に罵詈せらるれども瞋恚を生ぜずして、常にこの言《ことば》を作《な》す、汝まさに作仏すべしと。

悪口を言って、罵《ののし》る。「授記」とは、やがて仏になると予言することですが、そんな虚妄の「授記」などいらない、と罵詈《めり》される。しかし、そのような目にあいつつも、この菩薩のほうは、怒ることなく、常に「いや、あなたは仏さまにいつかはなる人です」と言っていたわけです。

この語《ことば》を説く時、衆人《しゅにん》あるいは杖木《じょうもく》・瓦石《がしゃく》を以てこれを打擲《ちょうちゃく》すれば、避け走り遠く住して、なお高声《こうしょう》に唱えて言わく、「我あえて汝等《なんだち》を軽しめず、汝等皆まさに作仏《さぶつ》すべし」と。その常にこの語《ことば》を作《な》すを以ての故に、増上慢《ぞうじょうまん》の比丘・比丘尼・優婆塞・優婆夷これを号《ごう》して常不軽《じょうふきょう》となづく。

そうすると、多くの人が「変な坊さんがいる」というので、杖とか木とか瓦とか石だとか、そういうものを投げつけて、打ったり殴ったりする。でも、この菩薩はその乱暴を避けて走って遠くへ行きながら、しかも、なお高らかに「わたしはあなた方を軽んじません。あなた方はみな、仏さまになれる方ですよ」と唱えた。こういう由来があったから、そこで常不軽と名づけたというのです。

この比丘終らんと欲する時に臨《のぞ》んで、虚空《こくう》の中《なか》において、具《つぶ》さに威音王仏《いおんのうぶつ》の先に説きたもう所の法華経二十千万億の偈《にじゅうせんまんのくげ》を聞いて、ことごとく能《よ》く受持《じゅじ》して、すなわち上《かみ》の如き眼根清浄《げんこんしょうじょう》・耳《に》・鼻《び》・舌《ぜっ》・身《しん》・意根清浄《いこんしょうじょう》を得たり。

この比丘がまさに命がなくなろうとするときに、虚空の中において、具《つぶ》さに威音王仏の先に説きたもう所の『法華経』二十千万億の偈を聞いて、すべて受けたもって浄らかになったといいます。

ここで「二十千万億の偈」といいますのは、宇宙の真理としての『法華経』というものは、非常に偉大な大きなものであるということの譬えです。『法華経』の長さ、これはその詩に書き換えるとどれだけの数になるか知りませんが、それを言おうとして「二十千万億の偈」ということをここでいうのです。

ともあれ、すべての人々を拝むというこの常不軽菩薩の態度は、『法華経』の精神にまさに一致すると申せましょう。まことに尊いことでありまして、いまのわれわれとしても、いろいろ反省させられる点があるように思うのです。

第17回

久遠の本仏

——『法華経』(3)

法華経・見宝塔品の図　敦煌・第420窟.

今回は、『法華経』のうちでももっとも重要だといわれる「如来寿量品第十六《にょらいじゅりょうほん》」について申します。

いままで『法華経』の主として前半、「迹門《しゃくもん》」といわれるところを見てまいりました。そこでは、いろいろの思想の存在意義が認められていました。では、いろいろの教えがどれも存在意義を持っている、というのはなぜであろうか。それは肉身としてのゴータマ・ブッダの教えではない。それらの教えを成立させる根源は、時間的・空間的限定を超えていながら、しかもそのなかにあらわれてくるところの絶対のもの、諸法実相《しょほうじっそう》の理《ことわり》にほかならない。これが「久遠《くおん》の本仏《ほんぶつ》」、永遠の根本の仏さまである。

つまり、世間では、ブッダは釈迦《しゃか》族から出家して、修行してさとりを開き、八〇歳で亡くなったと考えられているが、実はブッダは永遠の昔にさとりを開いて、絶えず衆生を教化してこられたのであり、常住不滅《じょうじゅうふめつ》であって、人間としてのブッダはただ人々を導くために仮に姿をあらわされた、その方便のすがたにほかならない、というのです。

この趣旨が『法華経』の後半の十四の章、「本門《ほんもん》」で明らかにされるのです。ちなみに、東京に池上本門寺《いけがみほんもんじ》という大きなお寺がありますが、その寺名はここに由来します。仏の本体に関するこのような思索を契機として、その後、仏教では「仏身論《ぶっしんろん》」、つまり仏さまの本質は何であるか、また、どのようなかたちであらわれるか、という仏の身体に関する論議が急速に展開するようになりました。こういう思想を述べるきっかけとなった『法華経』「如来寿量品」は、その意味でとくに重要な部分であるといわれているのです。

仏、みずからの由来を明かす

その時に仏《ほとけ》は諸《もろもろ》の菩薩《ぼさつ》および一切の大衆《だいしゅ》に告げたまわく、「諸の善男子《ぜんなんし》、汝等《なんだち》まさに如来《にょらい》の誠諦《じょうたい》の語《ことば》を信解《しんげ》すべし」。また大衆に告げたまわく、「汝等まさに如来の誠諦の語を信解すべし」。またまた諸の大衆に告げたまわく、「汝等まさに如来の誠諦の語を信解すべし」。この時に菩薩大衆は弥勒《みろく》を首《はじめ》として、合掌《がっしょう》して仏に白《もう》して言《もう》さく、「世尊《せそん》唯《ただ》願わくはこれを説きたまえ。我等《われら》まさに仏の語《みこと》を信受《しんじゅ》したてまつるべし」。かくの如《ごと》く三たび白《もう》し已《おわ》ってまた言《もう》さく、「唯《ただ》願わくはこれを説きたまえ。我等まさに仏の語を信受したてまつるべし」。

ここでは「諸の菩薩および一切の大衆」となっていますが、サンスクリットの原文によれば「諸の菩薩方」となります。漢訳では、あまねくいろいろの人々に向かって説かれたということで、それだけ向かう範囲が広くなっています。「善男子《ぜんなんし》」はもとのことばで申しますと良家の子。しかし、それは仮の名前であって、ほんとうの意味は心根の立派な人という意味だと、昔から解釈されております。

「おまえたちは如来の真実のことばを信じ、理解せよ」。仏はこのことばをくりかえします。そうすると、菩薩の仲間は、一番上である弥勒《みろく》をはじめとして、みな合掌して仏に申しあげました。「世尊、どうか願わくはこれを説いてください、わたしどもは仏さまのおことばを信じてお受けいたしましょう」。聞く側の人もまた、三たびくりかえしました。

するとブッダは、もろもろの菩薩が三たびお願いしてやまないことを知って、かれらに告げて言います。

その時に世尊は諸の菩薩の三たび請《しょう》じて止《や》まざることを知ろしめして、これに告げて言《のたま》わく、「汝等《なんだち》諦《あきら》かに聴け、如来の秘密神通《ひみつじんずう》の力を。一切世間《せけん》の天《てん》・人《にん》および阿修羅《あしゅら》は、皆《みな》今の釈迦牟尼仏《しゃかむにぶつ》、釈氏《しゃくし》の宮《みや》を出《い》でて伽耶城《がやじょう》を去ること遠からず、道場《どうじょう》に坐して阿耨多羅三藐三菩提《あのくたらさんみゃくさんぼだい》を得たりと謂《おも》えり。然《しか》るに善男子、我実《じつ》に成仏《じょうぶつ》してよりこのかた、無量無辺百千万億那由他劫《むりょうむへんひゃくせんまんのくなゆたこう》なり。譬《たと》えば五百千万億那由他阿《あ》僧祇《そうぎ》の三千大千世界を、たとい人《ひと》あって抹《まっ》して微塵《みじん》と為《な》して、東方《とうほう》五百千万億那由他阿僧祇の国《くに》を過ぎてすなわち一塵《じん》を下《くだ》し、かくの如く、東《ひんがし》に行《ゆ》いてこの微塵を尽くさんが如き、諸の善男子、意《こころ》において云何《いかん》、この諸の世界は思惟《しゆい》し校計《きょうけい》してその数《かず》を知ることを得《う》べしやいなや」。

おまえたちよ、よく聞きなさい、如来の秘密である神通《じんずう》の不思議な力を。一切世間の神々や人々、阿修羅は、みなこう思っている。「いまのブッダは釈迦族の宮殿から出て、伽耶城《がやじょう》からあまり離れていないところで、坐ってさとりを開かれた」と。「伽耶」はガンガー河の南のほうにあるブッダガヤーで、中インドでも昔から宗教上の霊地、霊場として知られているところです。大きな都市でしたから「伽耶城」というのです。「道場」とはさとりを開く場所のことで、つまり、菩提樹の下に坐ってさとりを開いた。「阿耨多羅三藐三菩提《あのくたらさんみゃくさんぼだい》」は正しい全きさとりという意味ですね。

しかし、そうではないのだと言います。現在のすがたを超えて、もう永遠の昔からブッダはさとりを開いている。「無量無辺百千万億那由他劫《むりょうむへんひゃくせんまんのくなゆたこう》」がいかに途方もない数であるか。それを譬えで述べます。われわれが住んでいる世界、それを一〇〇〇集めて「小千世界」、それを一〇〇〇倍すると「中千世界」になり、それをさらに一〇〇〇倍すると「大千世界」になります。「三千」とはつまり一〇〇〇の三乗の意味。しかもそんな天文学的数字であるにもかかわらず、それがまた、「五百千万億那由他阿《あ》僧祇《そうぎ》」の数だけある。すでに申したように、「那由他」(ナユタ)も「阿僧祇」(アサンキェーヤ)も、たいへんな数の単位です。さらに、そんな無数に多い世界を、ある人が粉々にしたとして、その「微塵《みじん》」、これはさきほど申したようにインドでは原子のことをいうのですが、それを東のほうに向かって、五百千万億那由他阿僧祇の国を過ぎたところで、一つの「塵」、つまり原子を一つそこに下す、こういうぐあいにして塵を全部なくすまでかかる時間だというのです。これはもう、想像不可能な時間です。

ブッダは、「この世界を思惟することができるか、計算して比べることができるか、その数を知ることができるか」と問うわけです。弥勒菩薩《みろくぼさつ》などはこう答えます。

弥勒菩薩等倶《とも》に仏に白《もう》して言《もう》さく、「世尊、この諸の世界は無量無辺にして、算《さん》数《じゅ》の知る所に非《あら》ず、また心力《しんりき》の及ぶ所に非ず。一切の声聞《しょうもん》・辟支仏《びゃくしぶつ》、無漏智《むろち》を以ても思惟《しゆい》してその限数《げんじゅ》を知ること能《あた》わじ。我等《われら》阿惟越致《あゆいおっち》地《じ》に住すれども、この事《じ》の中《なか》においてはまた達せざる所なり。世尊、かくの如き諸の世界無量無辺なり」。

「仏さま、この世界はもう無量無辺で、とても数を数えることはできないほど大きいのです。また、心の働きの及ぶところでもない。すべての声聞《しょうもん》・辟支仏《びゃくしぶつ》が、穢れのない、煩悩のない智慧でもって心のなかで思惟し、考えて、それでもその数を限って知ることができません。わたしたちは不退転の境地に住しているけれども、しかし、こういうすばらしいことにはまだ達しておりません。このような諸々の世界は無量無辺です」。「阿惟越致《あゆいおっち》」はアヴァイヴァルティカ(avaivartika)というサンスクリット語の音を写したもので、「阿惟越致地」は「退くことがない境地」という意味です。そうすると仏は、大勢の菩薩方に告げて言われます。

その時に仏は大菩薩衆《だいぼさつしゅ》に告げたまわく、「諸の善男子、今まさに分明《ふんみょう》に汝等《なんだち》に宣《せん》語《ご》すべし。この諸の世界のもしは微塵を著《お》きおよび著《お》かざる者をことごとく以て塵《ちり》となして、一塵《じん》を一劫《こう》とせん。我成仏《じょうぶつ》してよりこのかた、またこれに過ぎたること百千万億那由他阿僧祇劫《なゆたあそうぎこう》なり。これより来《このかた》、我常にこの娑婆《しゃば》世界に在《あ》って説《せっ》法教化《ぽうきょうけ》す。また余処《よしょ》の百千万億那由他阿僧祇の国においても衆生《しゅじょう》を導利《どうり》す」。

「諸の善男子よ、いまはっきりと明らかに、おまえたちに語ることにしよう。この諸々の世界の小さな塵をポツンとおいて、あるいはおかないところもあるけれど、こんどそれを一つの塵として、その塵の一つが一劫に相当するほど長いとしよう。そうだとしても、自分が成仏してからこのかた、これに勝ること百千万億那由他阿僧祇劫である。これからこのかた、自分はつねにこの現実の世の中で説法し、教え、導いてきている。また、その他のたいへんな数の国でも、衆生を導き、ためになるようにしてきた」。「娑婆《しゃば》」はわれわれの現実の生きている世界のことです。堪え忍ぶところという意味に解釈されています。この世の中はとかく思うにまかせません。このことばはいまの日本語のなかにも生きていますね。

「諸の善男子、この中間《ちゅうげん》において我燃灯仏等《ねんとうぶっとう》と説き、またまたそれ涅槃《ねはん》に入《い》ると言いき。かくの如きは皆方便《ほうべん》を以て分別《ふんべつ》せしなり。諸の善男子、もし衆生《しゅじょう》あって我《わ》が所《もと》に来至《らいし》するには、我仏眼《ぶつげん》を以てその信等《しんとう》の諸根《しょこん》の利鈍《りどん》を観じて、度《すく》うべき所に随って、処処《しょしょ》にみずから名字《みょうじ》の不同《ふどう》、年紀《ねんき》の大小を説き、またまた現《げん》じてまさに涅槃《ねはん》に入るべしと言い、また種種の方便を以て微妙《みみょう》の法を説いて、よく衆生をして歓喜《かんぎ》の心を発《おこ》さしめき。」

「その中間《ちゅうげん》では、わたしは燃灯仏《ねんとうぶつ》という方がおられるということを説き、また、やがては涅槃に入られるということを説いた」。「燃灯仏」はブッダが大昔に修行されて、「やがて仏になるぞよ」という予言を受けた仏さまです。けれど、こういうことを説いたのは、実は方便をもって考えて言ったのである、という。

もしも諸々の生きとし生けるものが自分のところへきたならば、わたしは仏の眼をもって、修行を発展させる能力が優れているか、優れていないかを観じて、つまり救われるべき人の銘々に応じて、あちこちでいろいろ名前のちがう仏さま、寿命のちがう仏さまのことを説いた。また、このような方々がやがて涅槃に入るということを説いた。そして、いろいろのしかたでもって、微妙なる教えを説き、衆生をして満足の心を発させた。

「諸の善男子、如来の諸の衆生《しゅじょう》の小法《しょうぼう》を楽《ねが》える徳薄垢重《とくはつくじゅう》の者を見ては、この人の為に我少《わか》くして出家《しゅけ》し阿耨多羅三藐三菩提《あのくたらさんみゃくさんぼだい》を得たりと説く。然《しか》るに我実《じつ》に成仏《じょうぶつ》してよりこのかた、久遠《くおん》なることかくの若《ごと》し。ただ方便《ほうべん》を以て衆生を教化《きょうけ》して、仏道に入らしめんとしてかくの如き説を作《な》す。」

それからまた、衆生のうちには、「小法」つまり程度の低い教えを願い、まだ善根《ぜんごん》を種《う》えることが薄く、煩悩の穢れが重い人間もいるので、こういう人々のために、わたしは若くして出家して、阿耨多羅三藐三菩提を得た、と説いた。でも実は、わたしは仏となってからこのかた久遠である。永遠の昔に、わたしはさとりを開いているのだ、というのです。この「久遠」という考えがここでは非常に重要です。ちなみに、身延山《みのぶさん》の本山、久遠寺《くおんじ》の寺名はここからきています。つまり、いろいろの手立てをもうけて人々を教え導き、仏道に入らしめんとしてこのように説いたのである、という。

「諸の善男子、如来の演《の》ぶる所の経典《きょうてん》は、皆衆生を度脱《どだつ》せんが為なり。あるいは己身《こしん》を説き、あるいは他身《たしん》を説き、あるいは己身を示《しめ》し、あるいは他身を示し、あるいは己事《こじ》を示し、あるいは他事《たじ》を示す。諸の言説《ごんぜつ》する所は皆実《じつ》にして虚《むな》しからず。所以《ゆえ》は何《いか》ん、如来は如実《にょじつ》に三界《さんがい》の相《そう》を知見《ちけん》す。生死《しょうじ》のもしは退《たい》、もしは出《しゅつ》あることなく、また在世《ざいせ》および滅度《めつど》の者なし。実《じつ》に非《あら》ず、虚《こ》に非ず。如《にょ》に非ず、異《い》に非ず、三界の三界を見るが如くならず。かくの如きの事《じ》、如来明《あき》らかに見て錯謬《しゃくみょう》あることなし。」

仏の説かれるところの経典はいろいろあるが、それはみな人々を救い、解脱させるためのものである。だから、あるときは「己身《こしん》を説き」、自分のことを説く、つまりブッダのことを説く。あるいは「他身を説く」、他の仏さまのことを説く。あるいは自分の身を示したり、あるいは他の仏さまの身を示したり、あるいは自分に関する事柄、働きを示し、あるいは他人に関する事柄を示す。

けれども、いろいろ自分は説いたけれども、その説くところはみな真実である。真であって、嘘ではない。じゃ、なぜそういうことがいえるのか。

仏はありのままに、「三界《さんがい》の相を知見す」。「三界」とは欲界《よくかい》・色界《しきかい》・無《む》色界《しきかい》をいいます。われわれが住んでいるところは、欲望にとらわれていますから欲界、その上に美しい物質のあるところがあり、それが色界、さらにその上には何もないから無色界です。それを仏さまは見ておられる。人々が生まれ、死に、あるいは退き、あるいはあらわれ出るというようなことも、実はないのだ。それから、このようにあるとか、あるいはもう涅槃に入っていなくなったというものも実にはない。それらは空虚ではない、そのとおりでもないし、またそれと異なっているのでもない、というのです。

それで「三界の三界を見るが如くならず」、三界に住むものが三界を見ているのとは異なる。仏さまはただ真実を見ていらっしゃる。こういうことを仏は「明らかに見て錯謬《しゃくみょう》(過ち)あることなし」。

「諸の衆生には種種《しゅじゅ》の性《しょう》・種種の欲《よく》・種種の行《ぎょう》・種種の憶想《おくそう》・分別《ふんべつ》あるを以ての故に、諸の善根《ぜんごん》を生ぜしめんと欲して、若干《そこばく》の因縁《いんねん》・譬喩《ひゆ》・言辞《ごんじ》を以て種種に法を説く。所作《しょさ》の仏事《ぶつじ》いまだかつて暫《しばら》くも廃《はい》せず。」

諸々の衆生を見ると、いろいろの性質がある。それからいろいろの欲望があり、いろいろの行ないをなし、いろいろと心に考えて分別している。かれらに善のもとを生じさせようとして、そしていろいろの因縁、謂れ、比喩、譬え、言辞(ことば)、こういうようなもので真理を説いた。よい行ないを「善根」と申します。つまり善いことをすれば、あとで善い報いが得られるからです。「功徳」と同じことです。そして、仏がなすべきところの活動をしばらくもやめたことがない。「仏事」とは、仏のなすべき事柄、活動という意味です。

「かくの如く我成仏してよりこのかた甚《はなは》だ大《おお》いに久遠《くおん》なり。寿命無量阿僧祇劫《じゅみょうむりょうあそうぎこう》、常住《じょうじゅう》にして滅せず。諸の善男子、我本菩薩《われもとぼさつ》の道《どう》を行《ぎょう》じて成《じょう》ぜし所の寿命《じゅみょう》は今なおいまだ尽きず。また上《かみ》の数《かず》に倍せり。然《しか》るに今実《じつ》の滅度《めつど》にあらざれども、しかもすなわち唱《とな》えてまさに滅度を取るべしと言う。如来この方便を以て衆生を教化《きょうけ》す。所以《ゆえ》は何《いか》ん、もし仏久しく世に住せば、薄徳《はくとく》の人は善根《ぜんごん》を種《う》えず。貧窮《びんぐ》下賤《げせん》にして五欲に貪著《とんじゃく》し、憶想妄見《おくそうもうけん》の網の中に入りなん。もし如来常に在《あ》って滅せずと見ば、すなわち憍恣《きょうし》を起《おこ》し厭怠《えんだい》を懐《いだ》き、難遭《なんぞう》の想《おもい》・恭敬《くぎょう》の心を生ずること能《あた》わず。」

こうしてわたしは、成仏してからこのかた、久遠である。寿命は無量阿僧祇劫、常住であって滅びることがない。自分は亡くなるということはないのだけれども、にもかかわらず、仮にここでいちおう自分は亡くなると言う。これも衆生を教え導くための方便だというのです。

なぜかというと、もしも仏が長くこの世にいるならば、徳の薄い人は善を行なうということをしない。徳に貧しく劣ったまま、欲望にとらわれ、いろいろ思いをめぐらし妄想を逞しくする。もしも、仏がいつでもいらっしゃって亡くなることがないというと、人々は勝手なことをして、努力したり精進することを嫌う。そして、仏に遇うことはむずかしいという想いを起こさず、また、仏を恭しく敬うという気持ちも起こすことができないだろう、というのです。「五欲」とは五感の対象に執著することです。

「この故に如来は方便を以て説く、比丘まさに知るべし、諸仏の出世《しゅつせ》には値遇《ちぐう》すべきこと難《かた》しと。所以《ゆえ》は何《いか》ん、諸の薄徳《はくとく》の人は無量百千万億劫を過ぎて、あるいは仏を見るあり、あるいは見ざる者あり。この事《じ》を以ての故に我この言《ことば》をなす、諸の比丘、如来は見ること得《う》べきこと難しと。この衆生等《しゅじょうら》かくの如き語《ことば》を聞いては、かならずまさに難遭《なんぞう》の想《おもい》を生じ、心に恋慕《れんぼ》を懐《いだ》き、仏を渇仰《かつごう》してすなわち善《ぜん》根《ごん》を種《う》うべし。この故に如来は実に滅せずといえどもしかも滅度《めつど》すと言う。また善男子、諸仏如来は法《ほう》皆かくの如し。衆生を度《すく》わんが為なれば皆実《じつ》にして虚《むな》しからず。」

つまり、諸々の仏が世に出てくるということ、これはなかなか遇いがたいことである。仏さまにお目にかかるというのは容易なことではない。

なぜか。徳の薄い人、あまり善いことをしなかった人は、「無量百千万億劫」という数えきれないほどの長い時間をすぎても、あるいは仏を見ることもあり、あるいは仏を見ないこともある。だからわたしは、「如来は見ること得べきこと難し」と言う。人々はこのことばを聞いて、「ああ、仏さまに遇うのはむずかしいんだな」という想いを生じて、仏を恋い慕うという気持ちを抱く。そして、仏を渇仰《かつごう》して善いことをするようになる。

だから、そういう気持ちを起こさせようと思って、仏は実際には亡くなることはないのだけれども、仮に、ここで亡くなって涅槃に入られるということを言うのだ。それで「諸仏如来は法皆かくの如し」、諸仏如来のきまりはこのようなものである。衆生を救うためにこういうことを説くのであるから、みな真実の教えであって、けっして偽りではない。虚ろなことではない。

良医の譬え

ここで、譬え話が述べられます。内容を簡単にご紹介すると、次のようなことになります。

薬とその処方にすぐれた良医がいました。その人には子どもが多かったのですが、あるとき、そのお医者さんは子どもを残して旅立ちました。留守にしているとき、子どもたちが薬を誤って飲んで、苦しんだのですね。そこへ良き医師であるお父さんが帰ってきて、まちがって毒薬を飲んだ子どもたちにほんとうの良い薬を与えます。それで病気が治るのですが、治らない子どももいる。心を毒されているために、良薬を飲まないからです。そこでこのお医者さんは、この子どもたちの心をほんとうに治してやるために、ふたたび遠い国へ旅をし、偽って自分が死んだというニュースを伝えるのです。そうすると、子どもたちはびっくりして、迷いが覚め、良薬を飲んで病気が治ります。そこへお父さんが帰ってきて、真実をとき明かすわけです。

つまり、仏の方便は、この良医が子どもを治すためにとった手立てに譬えられる、というのです。以下、その文章を掲げますが、漢文の書き下し文をお読みいただければご了解いただけると思いますので、詳しい説明は省きます。

「譬《たと》えば良医《ろうい》の智慧《ちえ》聡達《そうだつ》にして、明《あき》らかに方薬《ほうやく》に練《れん》しよく衆病《しゅびょう》を治《じ》すが如し。その人《ひと》諸の子息多く、もしは十・二十・乃至《ないし》百数《しゅ》なり。事《こと》の縁《えん》あるを以て遠く余国《よこく》に至りぬ。諸の子のちに他の毒薬を飲む。薬発《くすりほっ》し悶乱《もんらん》して地《じ》に宛転《えんでん》す。この時にその父還《かえ》り来《きた》って家に帰りぬ。諸の子、毒を飲んで、あるいは本心《ほんしん》を失い、あるいは失わざる者あり。はるかにその父を見て皆大いに歓喜《かんぎ》し、拝跪《はいき》して問訊《もんじん》すらく、「よく安穏《あんのん》に帰りたまえり。我等《われら》愚痴《ぐち》にして誤って毒薬を服せり。願わくは救療《くりょう》せられてさらに寿命《じゅみょう》を賜《たま》え」と。父、子どもらの苦悩することかくの如くなるを見て、諸の経方《きょうぼう》に依《よ》って好《よ》き薬草《やくそう》の色《しき》・香《こう》・美味《みみ》皆ことごとく具足《ぐそく》せるを求めて、擣篩《とうし》和合《わごう》して子に与えて服せしむ。而して《しこう》この言《ことば》を作《な》さく、「この大良薬《だいろうやく》は色《しき》・香《こう》・美味《みみ》皆ことごとく具足せり。汝等《なんだち》服すべし。速《すみ》やかに苦悩を除いてまた衆《もろもろ》の患《うれい》なけん」と。その諸の子の中に心を失わざる者は、この良薬の色《いろ》・香《か》倶《とも》に好《よ》きを見てすなわちこれを服するに、病《やまい》ことごとく除《のぞ》こり愈《い》えぬ。余《よ》の心を失える者はその父の来《きた》れるを見て、また歓《かん》喜《ぎ》し問訊《もんじん》して病を治せんことを求索《もと》むといえども、しかもその薬を与うるにしかも肯《あえ》て服せず。所以は何ん、毒気《どっけ》深く入って本心《ほんしん》を失えるが故に、この好き色・香ある薬において美《よ》からずと謂《おも》えり。

父この念《ねん》を作《な》さく、「この子愍《あわ》れむべし。毒に中《やぶ》られて心《こころ》皆顛倒《てんどう》せり。我を見て喜んで救療を求索むといえども、かくの如き好き薬をしかも肯て服せず。我今まさに方便を設けてこの薬を服せしむべし」。すなわちこの言《ことば》を作《な》さく、「汝等《なんだち》まさに知るべし。我今衰老《すいろう》して死の時已《すで》に至りぬ。この好き良薬を今留《とど》めてここに在《お》く。汝《なんじ》取って服すべし、差《い》えじと憂《うれ》うることなかれ」と。この教《おしえ》を作《な》し已《おわ》ってまた他国《たこく》に至り、使《つか》いを遣《つか》わして還《かえ》って告ぐ、「汝が父已《すで》に死しぬ」と。この時に諸の子、父背喪《はいそう》せりと聞いて心大いに憂悩《うのう》して、この念を作《な》さく、「もし父在《いま》しなば我等を慈愍《じみん》して能《よ》く救護《くご》せられまし。今者《いま》我《われ》を捨てて遠く他国に喪《そう》したまいぬ。みずから惟《おもんみ》るに孤露《ころ》にしてまた恃怙《じこ》なし」。常に悲感《ひかん》を懐《いだ》いて心ついに醒悟《しょうご》し、すなわちこの薬の色・香・味《あじわい》美《よ》きを知って、すなわち取ってこれを服するに毒の病皆愈ゆ。その父、子ことごとく已《すで》に差《い》ゆることを得つと聞いて、尋《つ》いですなわち来《きた》り帰ってことごとくこれに見《まみ》えしめんが如し。

諸の善男子、意《こころ》において云何《いかん》、もし人の能《よ》くこの良医の虚妄《こもう》の罪を説くあらんやいなや」。

「不也《いななり》、世尊」。

仏の言《のたま》わく、「我もまたかくの如し。成仏してよりこのかた、無量無辺百千万億那由他阿僧祇劫なり。衆生の為の故に方便力《ほうべんりき》を以てまさに滅度《めつど》すべしと言うも、また能く法の如く我が虚妄の過《とが》を説く者あることなけん」。

ここまでが「如来寿量品《じゅりょうほん》第十六」の散文の部分で、このあと、同様の趣旨が韻文、「偈頌《げじゅ》」で述べられています。これはその冒頭が漢文では「自我得仏来」ですので、「自我偈《じがげ》」と称されます。ことに『法華経』信者の方はこれをもっとも尊んでいます。

我仏《われほとけ》を得《え》てより来《このかた》　経《へ》たる所《ところ》の諸《もろもろ》の劫数《こっしゅ》
無量《むりょう》百千万　億載阿僧祇《おくさいあそうぎ》なり
つねに法《ほう》を説《と》いて　無数億《むしゅおく》の衆生《しゅじょう》を教化《きょうけ》して
仏道《ぶつどう》に入《い》らしむ　しかしより来　無量劫《このかたむりょうこう》なり
〔中略〕
我つねに衆生《しゅじょう》の　道《どう》を行《ぎょう》じ道を行ぜざるを知って
度《すく》うべき所に随って　為に種種の法を説く

つねにみずからこの念を作《な》す　何を以てか衆生をして
無上道《むじょうどう》に入《い》り　速《すみや》かに仏身《ぶっしん》を成就《じょうじゅ》することを得せしめんと

趣意を簡単に申しますと、「仏さまはつねにましします。生じたり滅びたりということをくり返すものではない。けれども、人々に真剣に道を求める心を起こさせるために、仮に方便によって涅槃の姿をとって、恋い慕う気持ちを起こさせるのである。しかし、その真実の姿においてはけっして滅びることがない、常住のものである」というものです。つまり、ブッダがたんなる歴史的存在ではなくて、奥深いところにある永遠の理にもとづいてあらわれたものである、ということを説き明かしているわけですね。

第 18 回

願望をかなえる

──『観音経』(『法華経』(4))

観音磨崖仏　九華山・飛来峰寺．東方の普陀洛山より飛来した観音仏であると信じられている．

『観音経』は、『法華経』の第二十五章、すなわち「観世音菩薩普門品第二十五」を独立の経典として扱ったもので、元来単行経典であったものが、『法華経』に吸収されたものともいわれている。観音が衆生の諸難を救い、願いをかなえ、あまねく教化することを説く。

観音信仰は、古来、インド・中央アジア・中国・チベット・日本にわたって広く流布しており、ウイグル語・モンゴル語・トルコ語で書かれた本経の断片なども発見されている。

『観音経《かんのんぎょう》』とは、『法華経』の「観世音菩薩普門品第二十五《かんぜおんぼさつふもんぼん》」を独立の経典として扱ったものです。

『観音経』は、わが国では、多くの宗派を通じて読誦されており、もろもろの仏典のなかでも、おそらくいちばん広く読まれ、知られている経典でしょう。わが国ばかりではなく、大乗仏教の行なわれている地域ではあまねく奉ぜられ、中国、韓国、ベトナム、また、海外の中華民族のあいだでも説かれております。昔はインドでも奉ぜられ、拝まれており、その南のスリランカにも観世音菩薩の彫像が残っております。みなが仰ぎ、拝み、尊んでいる菩薩さまですね。

この観音さまはわれわれ凡夫《ぼんぷ》の願いをかなえてくださる菩薩さまです。ここに「普門」とあるのは、あまねき門という意味に解され、観音菩薩の徳を称《たた》えていうわけですが、もとのことばではサマンタムカ(samantamukha)で、あらゆる方向に顔を向けているもの、という意味です。つまり、観音さまはそのお慈悲の心のゆえに、いかなる方にも顔を向けてくださるということです。

ちなみに、「あらゆる方向に顔を向ける」というこの形容詞は、すでにインドの最も古い宗教聖典『リグ・ヴェーダ』(一〇・八一・三)に出ています。宇宙をつくった神といわれておりますヴィシュヴァカルマン(Viśvakarman)、一切をつくりしもの、と呼ばれるその神を称えて、あらゆる方向に顔がある、といっております。そういう考え方がインドにありましたので、それがずっと受け継がれて、観音さまにもっともふさわしい呼び名であるとして、ここに活かされたわけです。

七難から救い出す

その時、無尽意菩薩《むじんに》はすなわち座より起《た》ちて、偏《ひと》えに右の肩を袒《あらわ》し、合掌し、仏に向いたてまつりて、この言を作《な》す、「世尊よ、観世音《かんぜおん》菩薩は何の因縁《いんねん》を以て観世音と名づくるや」と。

無尽意菩薩《むじんに》は「心の働きが尽きることがない」という名前の菩薩です。「偏《ひと》えに右の肩を袒《あらわ》し」とありますが、これは衣を右の肩からスッと滑らせて、右の肩をあらわすことで、尊敬の態度として、南アジアでは今日にいたるまで、仏教修行僧のあいだで行なわれております。

そして、合掌し、仏に向かって、「どういうわけで、観世音と名づけられるのですか」と聞いたわけですね。

そうすると、仏は答えます。

その時、仏は無尽意菩薩に告げたもう、「善男子《ぜんなんし》よ、もし無量百千万億《むりょうひゃくせんまんのく》の衆生《しゅじょう》ありて、諸《もろもろ》の苦悩を受けんに、この観世音菩薩を聞きて一心に名を称《とな》えば、観世音菩薩は、即時にその音声《おんじょう》を観じて皆《みな》、解脱《まぬが》るることを得せしめん」。

つまり、衆生が苦しみに遇っているとき、その御名を称えれば、観音菩薩はただちに救いにこられるというのです。以下、詳しく出てきますが、まとめていうと、観音さまは「七難」をまぬがれるように救ってくださるのです。「七難」とは、火・水・羅刹《らせつ》・刀杖《とうじょう》・鬼・枷鎖《かさ》・怨賊《おんぞく》です。この七通りの災難が人間に襲ってきたときに、救ってくださるといいます。そのいちいちについて、これから説明があります。

「もしこの観世音菩薩の名《みな》を持《たも》つもの有らば、設《たと》い大火に入るとも、火も焼くこと能わず、この菩薩の威神力《いじんりき》に由るが故なり。もし大水のために漂《ただよ》わされんに、その名号《みょうごう》を称《とな》えば、すなわち浅き処を得ん。もし百千万億の衆生ありて、金《こん》・銀《ごん》・瑠璃《るり》・硨磲《しゃこ》・碼碯《めのう》・珊瑚《さんご》・琥珀《こはく》・真珠《しんじゅ》等の宝を求めんがために大海に入らんに、たとい、黒風《こくふう》その船舫《ふね》を吹きて、羅刹鬼《らせつき》の国に飄《ただよ》わし堕《おと》しめんに、その中にもし乃至《ないし》一人《ひとり》ありて、観世音菩薩の名《みな》を称《とな》えば、この諸の人等《ら》は皆、羅刹《らせつ》の難を解脱《まぬが》るることを得ん。この因縁を以て観世音と名づくるなり。」

「火」はわかりますね。「大水」は、洪水であったり、あるいは大きな湖のなかで漂わされるようなことが起きたとき、観音さまの名号を称えたならば、浅いところへ着くことができるであろう、というのです。インドでは洪水の場合はたいへんですから、とくに痛切に感じられたことだろうと思います。また、宝を求めて大海に入り、「黒風」、これは暴風雨のことですが、それで「羅刹」の棲《す》んでいる国に流されるようなことがあった場合でも、だれか一人が観世音菩薩の御名《みな》を称えれば、この人々はみな羅刹の難をまぬがれることができる、という。「羅刹」はもとのことばではラークシャサで、鬼の一種です。「このわけで観世音と名づけるのである」。

「もしまた、人有りてまさに害せらるべきに臨みて、観世音菩薩の名《みな》を称《とな》えば、彼《か》の執《と》る所の刀杖《とうじょう》は、尋《にわか》に段段に壊《お》れて、解脱《まぬが》るることを得ん。もし三千大千国土に、中に満つる夜叉《やしゃ》・羅刹《らせつ》、来《きた》りて人を悩まさんと欲《す》るに、その、観世音菩薩の名を称うるを聞かば、この諸の悪鬼《あっき》は尚《なお》、悪眼《あくげん》をもってこれを視《み》ることすら能わず、いわんやまた、害を加えんや。」

それからまた、人から害せられようとしているとき、観世音菩薩の御名を称えれば、その悪漢が振りかざした刀などの武器は粉々に砕けてしまう。また、「夜叉」「羅刹」などが来て、人を悩まそうとしたときに、観世音菩薩の御名を称えるのを聞いたならば、この悪鬼はもうへこたれてしまって、悪い眼をもってこれを視ることさえもできない。もちろん害を加えることなど、できなくなる。

「三千大千国土」は「大宇宙」といったらいいでしょう。「夜叉」はヤクシャの音を写したもので、神霊をいいますが、のちには、人に害をなす半ば神のような神霊とされました。

「たといまた人ありて、もしくは罪あるにもあれ、もしくは罪無きにもあれ、杻《てかせ》械《あしかせ》・枷鎖《くびかせくさり》にその身を検《とじこ》め繫《つな》がれんに、観世音菩薩の名《みな》を称《とな》えば、皆ことごとく断壊《だんね》してすなわち解脱《まぬが》るることを得ん。もし三千大千国土に、中に満つる怨賊《おんぞく》あらんに、一《ひとり》の商主有りて、諸の商人を将《ひき》いて重宝《とうときたから》を齎持《もたら》して険《けわ》しき路を経《きょう》過《か》せば、その中に一人《ひとり》、この唱言《となえごと》を作《な》さん、「諸の善男子よ、恐怖するを得ること勿《なか》れ。汝等《なんだち》よ、まさに一心に観世音菩薩の名号《みょうごう》を称《とな》うべし。この菩薩は能く無《む》畏《い》を以て衆生に施《ほどこ》したもう。汝等よ、もし名を称うれば、この怨賊よりまさに解脱《まぬが》るることを得べし」と。衆《もろもろ》の商人は聞きて倶に声を発《あ》げて「南無《なむ》観世《かんぜ》音菩《おんぼ》薩《さつ》」と言わん。その名を称うるが故に、すなわち解脱るることを得ん。無《む》尽意《じんに》よ、観世音菩薩摩訶薩は威神の力の巍巍《ぎぎ》たること、かくの如し。」

「また、捕らえられて、手枷《かせ》・足枷はめられて拘禁束縛《こうきんそくばく》されている場合でも、観音さまの御名を称えると、免れるであろう」、という。

こういう趣旨のことはあとにも出てきます。それにしても、罪のない人がのがれることができるというのはわかるけれども、罪のある者ものがれられるというのは、ちょっとおかしいじゃないか、と思われるかもしれません。わたしも以前、ここに疑問を持ちました。しかし、これはインドないし南アジアの社会の実態をご了解いただければ、理解していただけると思うのです。

南アジア、ことにインドの奥地には盗賊がおりまして、人のものを奪う。しかし、奪うといっても、ただ人をあやめるのではなくて、お金持ちから奪って、貧しい人に配ってしまうという、いわば一種の義賊《ぎぞく》がたいへん多くいるのです。近年のインドにもおりました。政府軍が討伐してもなかなか捕まらない。なぜかというと、民衆がそっちのほうへついてしまう。そういう賊が昔からいまして、盗賊の物語などは有名なのですが、それが強くなって、そして都を占領して支配者になる、そうするとたんに王さまになるわけです。だから、インドでは、国王の難と盗賊の難ということを、二つ並べます。民衆の人たち自身は楽しい生活を享受《きょうじゅ》していて、そこを力のある連中がじゃまをする、そういう考えが彼らの生活のなかにずっとしみついているものですから、とにかく捕らえられるというのは災難だ、と思う気持ちが彼らのあいだにはある。そういう点を頭にとどめると、こういう念願があったことがよくわかります。

また、怨みをいだく賊が満ちているなか、一人の商主が他を率いて、貴重な交易品を運び、険しい道を過ぎて行く。隊商《たいしょう》ですね。このとき、だれかがこう称えたとしよう、「ああ、皆さん、恐れてビクビクなさるな。皆さん、さあ、一心に観世音菩薩の名号を称えましょう。そうすれば、賊からまぬがれることができるでしょう」。それで、みんなが声を出して「南無観世音菩薩」という。そうすると、その災難からまぬがれることができる、というわけです。

なお、従来の漢文読みでは「無畏《むい》を以て衆生に施したもう」となっていて、ここでもそうしましたが、「無畏」は「畏れのないこと」、つまり安全にしてくださるという意味ですから、「無畏を衆生に施したもう」と読んだほうがわかりやすく、また、筋が通ると思います。

このように、観音さまが難儀を救ってくださることを述べるのですが、いままで読んだところでもお気づきのように、このお経では船で貿易している人々、あるいは隊商を組織して通商を行なっている人々のことが出てきます。おそらくは、最初、こういう人々のあいだでとくに観音さまの信仰が拡がっていったのでしょう。

観音さまの福徳

このあと、こんどは内面についての話にはいっていきます。

「もし衆生《しゅじょう》ありて婬欲《いんよく》多からんに、常に念じて観世音菩薩を恭敬《くぎょう》せば、すなわち欲を離るることを得ん。もし瞋恚《しんに》多からんに、常に念じて観世音菩薩を恭敬せば、すなわち瞋《いかり》を離るることを得ん。もし愚痴多からんに、常に念じて観世音菩薩を恭敬せば、すなわち痴を離るることを得ん。無尽意《むじんに》よ、観世音菩薩は、かくの如き等《とう》の大威《だいい》神力《じんりき》ありて、饒益《にょうやく》する所多し。この故に衆生は常にまさに心に念ずべし。」

「婬欲《いんよく》」はおわかりですね。「瞋恚《しんに》」は怒り、あるいは憎悪、憎しみです。「愚痴」は迷い、迷妄といったらいいでしょう。この、欲と怒りと迷いの三つを「三毒《さんどく》」と申します。人間の根本にある三つの毒だというのです。

観音さまを拝むならば、その三つの毒から離れることができる。観音さまは不思議なすばらしい力があって、人のためをはかってくださることがこのように多い。だから衆生は、心のなかで観音さまを念じなさい、というのです。

そしてつぎに、観音さまを拝むと子宝にめぐまれる、といいます。

「もし女人ありて、もし男《おのこ》を求めんと欲して、観世音菩薩を礼拝し供養せば、すなわち福徳智慧の男《おのこ》を生まん。もし女《めのこ》を求めんと欲せば、すなわち端正有相《たんじょううそう》の女《めのこ》の、宿《むかし》、徳本《とくほん》を殖《う》えしをもて衆人に愛敬《あいぎょう》せらるるを生まん。無尽意よ、観世音菩薩にはかくの如き力有るをもて、もし衆生ありて観世音菩薩を恭敬《くぎょう》し礼拝せば、福は唐捐《むなし》からざらん。この故に、衆生は皆、まさに観世音菩薩の名号を受持すべし。」

つまり、観音さまを拝むと、子宝にめぐまれるというのです。男の子がほしいと思って、観音さまを礼拝し供養したなら、福徳智慧の具わった男の子を生むであろう。

また、女の子がほしいと思うならば、容貌端麗な女の子が生まれる。その人は昔、いいことをしたから、多くの人に愛せられ、敬われるような女の子が生まれるであろう。こういうわけだから、人々が観音さまを敬い礼拝したならば、その福徳はむなしいことはない。だから人々はみな、観世音菩薩の御名を受けたもちなさい、というわけです。

そして、こんどはブッダのほうから、無尽意菩薩に反問します。

〔仏言わく〕「無尽意よ、もし人有りて、六十二億恒河沙《ごうがしゃ》の菩薩の名字を受持し、また、形を尽くすまで飲食《おんじき》・衣服《えぶく》・臥具《がぐ》・医薬《いやく》を供養せば、汝が意において云何《いか》ん。この善男子・善女人の功徳多しや、不《いな》や」と。

無尽意の言わく「甚だ多し、世尊よ」と。

仏は言《のた》もう、「もしまた人有りて、観世音菩薩の名号を受持し、乃至《ないし》、一時《ひととき》も礼拝し供養せば、この二人《ふたり》の福は正に等しくして異なること無く、百千万億劫においても、窮《きわ》め尽くすべからざらん。無尽意よ、観世音菩薩の名号を受持せば、かくの如き無量無辺《むりょうむへん》の福徳の利を得ん」と。

「六十二億恒河沙《ごうがしゃ》の」とは、ガンガー河の砂のさらに六十二億倍ということですから、たいへんに多い数ですね。それほど多くの菩薩の御名を受けたもっていて、また「形を尽くすまで」、つまり命のある限り、「飲食《おんじき》・衣服《えぶく》・臥具《がぐ》・医薬《いやく》」を供養したならば、おまえはどう思うか、というのです。「この善男子・善女人の功徳は多いか、どうか」。そうすると、無尽意は「たいへん多うございます」。

その答えを聞いて、ブッダは言います。「観音さまの名号を受けたもち、ちょっとでも礼拝し、供養したならば、その人の功徳と、前に大勢の仏さまを拝んだ人の功徳とは異なることがない。観音さまの名号を受けたもつというのは、それほど無量無辺の福徳が得られることなのだ」、というのです。

「三十三身」を示して説法する

無尽意菩薩は、仏に白《もう》して言わく「世尊よ、観世音菩薩は、如何にしてこの娑婆《しゃば》世界に遊ぶや。如何にして衆生のために法を説くや。方便の力、その事如何ん」と。

そこで無尽意菩薩が問います。「観世音菩薩はどうして、この娑婆世界にいらっしゃるのか。どういうぐあいに、人々のために教えを説かれるのか。その方便の姿はどうであるか」。

すると、仏は答えます。

仏は無尽意菩薩に告げたもう、「善男子よ、もし国土ありて、衆生の、まさに仏の身を以て度《すく》うことを得べき者には、観世音菩薩はすなわち仏の身を現わして、ために法を説くなり。まさに辟支仏《びゃくしぶつ》の身を以て度うことを得べき者には、すなわち辟支仏の身を現わして、ために法を説くなり。まさに声聞《しょうもん》の身を以て度うことを得べき者には、すなわち声聞の身を現わして、ために法を説くなり。まさに梵《ぼん》王《のう》の身を以て度うことを得べき者には、すなわち梵王の身を現わして、ために法を説くなり。まさに帝釈《たいしゃく》の身を以て度うことを得べき者には、すなわち帝釈の身を現わして、ために法を説くなり。まさに自在《じざい》天の身を以て度うことを得べき者には、すなわち自在天の身を現わして、ために法を説くなり。まさに大自在天の身を以て度うことを得べき者には、すなわち大自在天の身を現わして、ために法を説くなり。まさに天の大将軍の身を以て度うことを得べき者には、すなわち天の大将軍の身を現わして、ために法を説くなり。まさに毘沙門《びしゃもん》の身を以て度うことを得べき者には、すなわち毘沙門の身を現わして、ために法を説くなり。まさに小王《しょうおう》の身を以て度うことを得べき者には、すなわち小王の身を現わして、ために法を説くなり。まさに長者《ちょうじゃ》の身を以て度うことを得べき者には、すなわち長者の身を現わして、ために法を説くなり。まさに居士《こじ》の身を以て度うことを得べき者には、すなわち居士の身を現わして、ために法を説くなり。まさに宰官《つかさびと》の身を以て度うことを得べき者には、すなわち宰官の身を現わして、ために法を説くなり。まさに婆羅門《ばらもん》の身を以て度うことを得べき者には、すなわち婆羅門の身を現わして、ために法を説くなり。まさに比丘《びく》・比丘尼《びくに》・優婆塞《うばそく》・優婆夷《うばい》の身を以て度うことを得べき者には、すなわち比丘・比丘尼・優婆塞・優婆夷の身を現わして、ために法を説くなり。まさに長者・居士・宰官・婆羅門の婦女《ぶにょ》の身を以て度うことを得べき者には、すなわち婦女の身を現わして、ために法を説くなり。まさに童男・童女の身を以て度うことを得べき者には、すなわち童男・童女の身を現わして、ために法を説くなり。まさに天・竜・夜叉《やしゃ》・乾闥婆《けんだつば》・阿修羅《あしゅら》・迦楼羅《かるら》・緊那羅《きんなら》・摩睺羅伽《まごらが》・人・非人等の身を以て度うことを得べき者には、すなわち皆、これを現わして、ために法を説くなり。まさに執金剛神《しゅうこんごうじん》を以て度うことを得べき者には、すなわち執金剛神を現わして、ために法を説くなり」。

仏の答とはつまり、「仏」の身をもって救うことのできるものには仏の身をあらわして、「辟支仏《びゃくしぶつ》」の身をもって救うことのできるものに対しては辟支仏の姿で、「声聞《しょうもん》」の身をもって救うことのできるものに対しては声聞の姿で、というふうに、相手に応じて相手の姿で法を説く、というのです。「辟支仏」はひとりで修行して、ひとりでさとる人、「声聞」はブッダの教えを忠実に実行する人ですね。

こうして、観音さまが「仏」の身からはじまって、三十三の姿、身体をあらわし、それで人々を救うということが、くりかえし似たような表現で述べられます。

「梵王《ぼんのう》」。梵天王です。これはバラモン教では宇宙を創造し、支配する王とされます。

つづいて「帝釈《たいしゃく》」。帝釈天です。これは『リグ・ヴェーダ』のインドラ神です。この梵天と帝釈が、仏法守護の二人の大きな神さまということになっています。そして「自在天」。バラモン教での支配神のことです。「大自在天」。これはヒンドゥー教ではシヴァ神の別名です。

さらに「天の大将軍」「毘沙門《びしゃもん》」「小王」「長者《ちょうじゃ》」「居士《こじ》」「宰官《つかさびと》」「婆羅門《ばらもん》」「比丘《びく》」「比丘尼《びくに》」「優婆塞《うばそく》」「優婆夷《うばい》」。そして「(長者・居士・宰官・婆羅門の)婦女」「童男・童女」、婦人の姿をあらわしたり、子どもの身を示して法を説くこともある。

その他、「天」「竜」「夜叉《やしゃ》」「乾闥婆《けんだつば》」「阿修羅《あしゅら》」「迦楼羅《かるら》」「緊那羅《きんなら》」「摩睺羅迦《まごらが》」、この大部分はサンスクリットでの名称の音を写したもので、いずれも人間とは異なった、半ば神のような神的な存在。この八つは天竜八部衆と申します。つぎに「人」「非人」。人あるいは人でないもの。以上述べた異様な神々は人間でないもののなかに入るのですが、そういう姿を示すこともある。それから「執金剛神《しゅうこんごうじん》」。この「金剛」は一種の武器です。必ずしも金剛石という意味ではありません。武器を手に持っているもの、もとはインドラ神のことをいっていたのです。

こういうようないろいろな姿を示す。これを、「三十三身」と称しています。ただ、漢訳では三十五身、サンスクリットの原本では十二身、十二の姿だけが出ています。細かな比較は省略しますが、サンスクリットの原本では偉い存在だけが出ていた。ところが、この漢訳では、一般の人々や民間信仰における神々、神霊、そういうものまで全部、取り込んだのです。それだけ漢訳の『観音経』は民衆的、庶民的になっている。一般の人々のことを広く考え、受け入れるというかたちに、発展していったといえるかと思います。

「無尽意よ、この観世音菩薩は、かくの如きの功徳《くどく》を成就して、種種の形を以て、諸の国土に遊び、衆生を度脱《すくう》なり。この故に、汝等よ、まさに一心に観世音菩薩を供養すべし。この観世音菩薩摩訶薩は怖畏《おそれ》の急難《きゅうなん》の中において、能く無畏《むい》を施す。この故に、この娑婆《しゃば》世界に皆これを号《なづ》けて施無畏者《せむいしゃ》となすなり。」

この「無畏《むい》」は、さきほど申したように、畏れのないこと、つまり安全にしてくださる、畏れを去ってくださる、という意味です。だから、観音さまのことを「施無畏者」といいます。無畏を施す、与える者というわけです。

無尽意菩薩は、仏に白《もう》して言わく「世尊よ、我《われ》今、まさに観世音菩薩を供養すべし」と。すなわち頸《くび》の衆《もろもろ》の宝珠《ほうじゅ》の瓔珞《ようらく》の価《あたい》、百千両の金《こがね》に直《あたい》するを解《と》きて、以てこれを与えて、この言《ことば》を作《な》す「仁者《きみ》よ、この法施《ほっせ》の珍らしき宝の瓔珞を受けたまえ」と。

時に観世音菩薩は肯《あ》えてこれを受けず。無尽意はまた、観世音菩薩に白《もう》して言わく「仁者《きみ》よ、我等を愍《あわ》れむが故に、この瓔珞を受けたまえ」と。

その時、仏は観世音菩薩に告げたもう「まさにこの無尽意菩薩とおよび四衆と天・竜・夜叉・乾闥婆《けんだつば》・阿修羅《あしゅら》・迦楼羅《かるら》・緊那羅《きんなら》・摩睺羅伽《まごらが》・人・非人等を愍れむが故に、この瓔珞を受くべし」と。

即時《そのとき》、観世音菩薩は、諸の四衆および天・竜・人・非人等を愍れみて、その瓔珞を受け、分かちて二分と作し、一分は釈迦牟尼仏《しゃかむにぶつ》に奉り、一分は多宝仏《たほうぶつ》の塔に奉れり。

「無尽意よ、観世音菩薩には、かくの如き自在の神力《じんりき》ありて、娑婆《しゃば》世界に遊ぶなり」と。

そこで、そういう教えを聞きまして、無尽意菩薩は「ああ、わたしも観音さまを供養しましょう」と言い、瓔珞《ようらく》、宝の玉を連ねてあるような首飾り、それをさし上げて「これを受けてください」。そうすると、観音さまはそれを受けなかった。無尽意は重ねて、「われらを愍《あわ》れむがゆえに、この瓔珞をお受けください」とお願いした。するとと仏さまは、観音さまに「とにかくみな生きとし生けるもののためにこれを受けなさい」といわれた。そこで観音さまは生きとし生けるもののために、その瓔珞、首飾りを受けて、分けて二つにして、一つは仏にさし上げ、一つは多宝仏の塔に奉った、というのです。

どこまでも生きとし生けるもののことを考えられるけれども、自分では受けない、という崇高な気持ちがここに具象的に表現されております。

観世音菩薩がアジアの国々であまねく拝まれ、頼りにされているのは、その慈悲の精神のゆえです。慈悲というものは具体的な行ないを通じてあらわれる、そのことを『観音経』はよく教えているのです。

解説

前田専學

大乗仏教と大乗仏典

本書には、中村元先生の仏典講義の第12回から第18回までが収録されています。本シリーズの第一巻『ブッダの生涯』、第二巻『真理のことば』はいわゆる「原始仏典」を中心とした講義でしたが、この巻から「大乗仏典」が取り上げられます。

周知のとおり、日本の仏教はほとんどすべて大乗仏教に属します。ですから、本書で扱われている大乗仏典、すなわち『般若心経《はんにゃしんぎょう》』『金剛般若経《こんごうはんにゃきょう》』『維摩経《ゆいまきょう》』『勝鬘経《しょうまんぎょう》』『法華経《ほけきょう》』『観音経《かんのんぎょう》』は、日本人にはなじみが深く、内容は知らなくても、こうした仏典があることじたいは読者の方々のほとんどがご存じと思います。

仏教の発展と教団の分裂

ゴータマ・ブッダが八〇歳で亡くなった後は、その弟子たちが教団の発展に尽力し、紀元前三世紀になると、第二巻でお話ししましたアショーカ王（紀元前二六八－二三二年在位)が仏教に帰依いたしました。かれは最初武力によってインドを征服しようとしたのですが、悲惨な戦争に対する痛切な後悔から、武力を放棄し、「ダルマ(法)による征服」こそ最上の征服であることを詔勅の中で高らかに宣言しました。

仏教は、中央集権的統一国家を実現したこのアショーカ王の支持を得て、それまでガンガー(ガンジス)河流域の一地方の宗教にすぎなかったものが、いまやインドの国教のような形で、王の支配していた全インドへと広まり、さらに国境を越えて西北インドから今日のパキスタンやアフガニスタン方面へと伝播しました。南には、アショーカ王が、仏教を伝えるために、王子(または弟ともいわれる)マヒンダを現在のスリランカへ派遣いたしました。それ以後、スリランカが上座部《じょうざぶ》仏教といわれる伝統的な仏教の一大中心地となって今日にいたっております。さらに中央アジアに伝わり、紀元前後には中国に達しました。アショーカ王の出現は、仏教の歴史に一時期を画する重要な意味をもっています。

このように仏教は次第に大きな勢力をもつにいたりますが、しかしゴータマ・ブッダが亡くなられて一〇〇年ころになりますと、それまで統一を保ってきた仏教教団が、先に言及した保守派の上座部と進歩派の大衆部《だいしゅぶ》とに分裂いたします。さらに一〇〇年ほど経ちますと、各部がさらに細かく分裂して、沢山の部派が成立いたします。この分裂は、紀元前一〇〇年ころにはほぼ完了したようです。仏教史では、この時代の仏教を「部派仏教」と呼び、それ以前の仏教を「原始仏教」あるいは「初期仏教」と呼んで区別しています。従来は、この部派仏教を——ときには原始仏教をも含めて——「小乗仏教」と呼んでおりましたが、大乗仏教徒から与えられた一種の蔑称ですから、今日では妥当とは言い難く、使わないようにすべきであり、現実に次第に使われなくなってきています。

バラモン教からヒンドゥー教へ

アショーカ王がでたマウリヤ王朝の時代には、社会の表面では、仏教が主流を占め、ジャイナ教がそれについで栄えており、バラモン教はその背景にかくれておりました。しかし紀元前三—前二世紀ころには、バラモン教が民間信仰などを吸収してヒンドゥー教へと変容する動きが着実に始まっておりました。当時はすでに、やがてヒンドゥー教の二大主神となるシヴァ神やヴィシュヌ神の崇拝が盛んになりつつありました。

さしものマウリヤ王朝も紀元前一八〇年ころに滅び、インド全土はふたたび分裂状態に陥り、以後紀元前後まで異民族侵入時代を迎えました。その後クシャーナ王朝のカニシカ王(一二九―一五二年在位)がインドに侵入し、北インド全体を支配したのみならず、その勢力は中央アジア・イランにまでも及び、アショーカ王以来の一大帝国が建設されました。

この時代にも依然として仏教が圧倒的に優勢であり、ついでジャイナ教が盛んであったとはいえ、一般民衆の間ではヒンドゥー教がしだいに顕著な動きを示し始めました。そして、法典や、二大国民的叙事詩、ヒンドゥー教の百科全書ともいわれるプラーナ文献の一部分が編纂されるなど、ヒンドゥー教の膨大な文献群が成立いたしました。この時代にはヒンドゥー教では、人格神を尊崇する有神論的傾向が徐々に強くなり、ヴィシュヌ神やクリシュナ神、シヴァ神などの崇拝が盛んとなり、象面人身のガネーシャの崇拝も顕著となりました。

上座仏教と大乗仏教

一般民衆の間にヒンドゥー教が芽生えていたのと歩調を合わせるかのように、仏教にも紀元前後から新しい仏教運動が起こりつつありました。それは伝統的仏教部派上座部の『パーリ語三蔵』ではなく、この時代に成立した大乗経典をブッダの教えとする大乗仏教運動でした。

この運動の起源は伝統的な仏教僧団ではなく、仏塔を拠点とする在家の仏教信者の集団であったらしい、と言われておりましたが、近年になってこの説に対して否定的な見解が多く提出されるに至っています。

また従来大乗仏教は伝統的な仏教である上座部仏教を批判して起こった新しい仏教運動であるとして、新旧対立の図式で捉えられてきていました。しかし中世まで大乗仏教を兼学する上座部も繁栄していたことが知られるようになり、しかも大乗仏教は、大乗独自の律をもたず、上座部の部派の律を継承していたことを考慮すれば、この図式には再考の余地が充分にあるように思われます。

伝統的な上座部は、その後もスリランカを本拠地として発展し、スリランカからミャンマー、タイ、ラオス、カンボジアという東南アジア大陸部へ広がりました。この仏教は、近代以降大乗仏教と区別して上座部仏教(Theravāda Buddhism)と呼ばれるようになりました。しかし最近パーリ学仏教文化学会から、この仏教の事典『上座仏教事典』(めこん、二〇一六)が出版され、今後は「上座仏教」という名称が使われるようになると思います。

他方、大乗仏教は、北インドに勢力を持った伝統的な諸部派に続いて、北インドからガンダーラ、中央アジアを経て、紀元前後には中国に伝わり、中国からさらに朝鮮、日本に伝播しました。この仏教はインドで作成され、中国で翻訳・編纂された『漢訳大蔵経』(〈仏典をよむ〉1『ブッダの生涯』、一七二―一七三頁参照)を拠り所としており、上座仏教が南伝仏教と呼ばれるのに対して、北伝仏教と言われることがあります。

また七世紀には、インド後期の大乗仏教が、インドからネパールを経てチベットに伝わりました。この仏教はチベット語に訳された『チベット大蔵経』(前掲書、一七三頁参照)を拠り所にしています。この仏教もまた北伝仏教と言われます。

大乗仏教の起源は未だ定かではないにしても、人格神を尊崇する有神論的な傾向が徐々に強くなるという、この時代の流れに呼応して、大乗仏教でも歴史的人物としてのブッダは、次第に信仰の対象とされ、それとともに超人的な存在として表象されるようになりました。さらには三世十方にわたって無数に多くの諸仏の存在を想定し、それぞれ衆生救済の力を認め、ヒンドゥー教が有神論的な性格をもつにいたったと同様に、大乗仏教も人格神的な諸仏を崇拝する有神論的性格をもつようになりました。

とくに阿閦仏《あしゅくぶつ》・阿弥陀仏《あみだぶつ》・弥勒仏《みろくぶつ》・薬師如来《やくしにょらい》などが尊敬を集めました。一方、菩薩も次第に超人化され、観世音《かんぜおん》菩薩・文殊《もんじゅ》菩薩・普賢《ふげん》菩薩などがとくに信仰されました。これらの仏・菩薩はほとんど皆、現在の日本においても有力であり、とくに阿弥陀仏や観世音菩薩は熱心な信仰の対象になっています。われわれ凡夫は、この諸仏・諸菩薩に帰依し、信仰することによって救われる、というのが大乗の主張でした。

諸仏・諸菩薩に対する信仰が高まるにつれて、諸仏・諸菩薩の身体を具体的な形に表現して、それを崇拝したいという熱望が起こり、多数の仏像や菩薩像が作成されるようになりました。その仏像制作の中心地となったのは中央インドのマトゥラー市と西北インドのガンダーラとでありました。

大乗仏典の性格

この時代の大乗仏教徒は、精密な哲学的研究を好みませんでした。かれらは、その強烈な信仰を、戯曲的な構想の下に、深い哲理をこめた華麗な表現をもって作成された膨大な量の大乗経典として結実させました。これはちょうどヒンドゥー教徒たちが、先に触れたように、国民的二大叙事詩のような長大な宗教的文芸作品を作り上げていった風潮と呼応する動きであったのです。

中村先生は、大乗仏典について、次のように論じています（中村元選集［決定版］21『大乗仏教の思想』四四頁）。

初期の大乗仏教は、当時の支配者層に依拠しない民衆のあいだの信仰運動であって興隆途上にあったから、いまだ整った教団の組織を確定していなかったし、細密な哲学的論究を好まなかった。むしろ、自分らの確乎たる信念と、たぎりあふれる信仰とを、華麗巨大な表現をもって、息もつかずにつぎからつぎへと表明し、その結果成立したものが大乗経典である。

大乗経典は、それ以前に民衆のあいだで愛好されていた仏教説話に準拠し、あるいは仏伝から取材し、戯曲的構想をとりながら、その奥に深い哲学的意義を寓意させ、しかも一般民衆の好みに合うように作製された宗教的文芸作品である。

このように大乗仏教は時流に即した宗教運動であったので、その教化方法もいきおい当時の一般民衆の素質や傾向に適合したものである必要がありました。そのために仏・菩薩を信仰し、帰依するならば、富や幸福が得られるというような現世利益的な性格を帯びざるを得ませんでした。また一般民衆に受け入れやすいようにするために、原始仏教時代には禁止されていた呪句(陀羅尼《だらに》、総持《そうじ》 dhāraṇī)を用いるようになりました。このような教化方法は、大乗仏教が社会的勢力を拡張するのにひじょうに有効ではありましたが、逆に大乗仏教が堕落するにいたった遠因ともなったように思われます。

すでに第一巻『ブッダの生涯』の解説でも述べましたが、ブッダ自身は何も書き残しませんでした。その意味では伝統的仏教の聖典(原始仏典)も、決してブッダの教えそのものではありません。しかし、ブッダの直説に近い聖典を伝えていて、伝統的な教理を忠実に保存しているといえます。実際、旧来の仏教諸部派の伝える聖典は、語句や叙述に相当な差異があるにせよ、基本的内容に関しては本質的な相違はありません。

これに対して、大乗仏教は、まったくあらたに経典を創作し、自由な思想表現を許しました。ゴータマ・ブッダの教えが、改めて考え直されたり、あるいはそれを材料としながら、さらにそれを深めたり、新たな意味を与えたりされました。したがって、比較的似た趣旨また性格のものとしてまとまっている原始仏典に対し、大乗仏典は実に多様であり、多岐にわたります。したがって紀元前後から徐々にあらたに作られてきた大乗仏典は、厳密にいえばブッダの説法そのままではありません。そのために大乗仏典はブッダの説いたものではないとするいわゆる「大乗非仏説」が、すでに古くインドや中国にも現われました。この説を客観的実証的に唱えたのは、日本近世の富永仲基(一七一五―一七四六)でした。明治に入ってヨーロッパの近代的仏教研究が日本でも行なわれるようになると、改めて大乗非仏説の論が起こり、そこから原始仏教ないし根本仏教に帰れという声が起こりました。しかし前に述べたように原始仏典そのものが、ブッダ自身の教えそのものとは言えないことなどから、この主張は現在ではみられません。また大乗仏典はすべて、「仏説何々経」というように、直接ブッダが説かれたものであることを標榜し、じっさいそのように信じられてきております。これは歴史的には正確ではないかも知れませんが、内容的には充分に理由のあることであると思います。

大乗仏典全体を通じ、共通していえることは、その融通性と実際性です。それゆえに仏教がアジア全般にひろがったともいえましょう。伝統的な上座仏教もインドの外に広がりましたが、それはインドと風土的特徴をひとしくする地域に限られました。これに対して、インドと風土的特徴を異にする中国・チベット・モンゴル・ベトナム・朝鮮・日本、これらの国々はすべて大乗仏教を奉じたのです。

本書で扱った経典

「空」の思想を説く般若経典

いわゆる「大乗仏典」で、もっとも早く成立したと考えられているのが般若経典で、この経典は大乗仏教の根本思想である「空《くう》」の理法を説いております。「空」の理法は、詳しく説けばきりがないとされ、六百巻に及ぶ『大般若経』(『大般若波羅蜜多経《だいはんにゃはらみったきょう》』)のような大部な経典まで成立させました。

しかし、簡単に説けば、ごく短い『般若心経』一巻におさまるとも言われます。そのため、この『般若心経』(とくに玄奘訳による)は、日本では浄土教以外のほとんどすべての宗派で重んぜられてきました。また、『金剛般若経』(『金剛経』)も、要領よく教えを説き示した経典として、古来、重要視された経典です。般若経典の何よりの特徴は、倫理的実践を「空」の思想によって基礎づけたことです。これはつまり、ものごとにとらわれないという理想の表現なのです。中村先生は、岩波文庫『般若心経・金剛般若経』の「解題」(二〇一―二〇二頁)で、次のように説明されています。

「真実もなければ虚妄もない」とか、善と悪、さとりと迷いというような区別にとらわれることなかれ、という主張は、倫理的価値を破壊することになりはしないか、という疑問が、殊に西洋的知性の立場から発せられる。しかし大乗仏教の立場からいうと、反対である。とらわれることがなくなった境地に達すれば、行いはおのずから善に合致し、そこに対立をのこさない。技術を学ぶようなものである。例えばドライヴを習うとき、始めは非常な困難を意識し、一つ一つのことに気をくばる。しかしドライヴに熟達しきってしまうと、極めて安楽な気持で運転しながらも、決して規則を犯すことがない。ちょうどこういう境地をめざしていたのである。だからこそこの経典では、この境地を「全くすばらしいこと」

と呼んでいるのである。

さて、般若経典では、「小乗」に対する「大乗」という意識が明確でないことも大きな特徴です。大乗仏教特有の術語もほとんど見られません。経典の形式もきわめて簡素で、古形を示しています。たとえば、ふつうの大乗仏典では、その冒頭で、説法の会座に集まった者たちについてものものしく述べるのが常ですが、般若経典の場合はごく簡単で、原始仏典のかたちを踏襲しています。中村先生は『金剛般若経』につき、「大乗思想が固定化・定式化する以前のものであり、清新な思想のいぶきが感ぜられる。自分の体験している思想をどう表現してよいのか、適当な表現が見つからなくて、もどかしさを感じている若者のことばのようなおもむきがある」(前掲書「解題」一九七頁)と記しており、まったく同感です。般若経典が最初に登場した大乗仏典であろう、と推察されるゆえんです。

では、この経典をつくり信奉した人たちがどのような社会層に属していたのか。中村先生は、おそらく経済的に決して豊かとはいえない民衆仏教徒であったろうと推測しています。その理由は、塔廟を供養したり寄進したりするより、経典を読誦することのほうがはるかに功徳が多いと説いているからです。その意味でも、この『般若心経』『金剛般若経』は大乗仏教の精髄を示す経典といえましょう。

中村先生は、日頃仏前で『般若心経』を読誦され、自分の葬儀の時には、『般若心経』のほか、『三帰依文』『四弘誓願』『生活信条』を唱えてほしいとのご遺言があり、参列者全員で唱和いたしました。中村先生は、それほどに『般若心経』を大切にされていたのだと思います。

大乗を高らかに主張する『維摩経』『勝鬘経』

『維摩経』は、詳しくは『維摩詰所説経』といわれ、伝統的な仏教を論破し、大乗仏教の精神を高らかに主張した経典として有名です。ここでは説教するのはブッダではなく、在家の居士《こじ》(資産家)ヴィマラキールティ(Vimalakīrti 維摩詰《ゆいまきつ》と音写され、無垢称などと訳される)なのです。

この経典がつくられたのは西暦一世紀から二世紀にかけての時期であったであろうと考えられており、般若経典に次いで、大乗仏典のなかではごく初期のものに属します。この仏典の舞台となっているのは、ガンガー河の北にある商業都市ヴァイシャーリー(ヴェーサーリー、毘耶離《びやり》)です。そこでは共和政治が行なわれ、進取の精神に富んだ自由な気風があったと伝えられています。だからこそ、この仏典の主人公が在野の富豪・有力者であるヴィマラキールティとされたのでしょう。つまりヴィマラキールティは大乗仏教が理想とする人物として描かれているのです。

大乗仏教の「空」の思想を押し進めていくと、輪廻も涅槃も本質は同じく空であり、日常の生活そのままが涅槃の境地であることになり、結局は出家を否定して在家を賞賛する在家仏教運動が起こり、『維摩経』はこの運動の代表的な経典なのです。

『勝鬘経』もまた、『維摩経』よりもやや遅れて成立した在家仏教運動の理想を示した経典です。シュラーヴァスティー(サーヴァッティー、舎衛城《しゃえじょう》)を首都とするコーサラ国王プラセーナジット(Prasenajit 波《は》斯匿《しのく》王《おう》、パセーナディとも)の娘である在家のシュリーマーラー(Śrīmālā 勝鬘《しょうまん》)夫人の説法として知られます。初期の仏教は人間の平等を主張して、男性・女性を差別することなく、平等の地位を認めていましたが、のちに一般社会の女性軽視の影響を受けて、仏教内部でも男性中心主義が出てきました。女子はいろいろ障りがあって成仏するのが困難だから、男の身になって成仏するという「変成男子《へんじょうなんし》」という思想まであらわれます(『法華経』「提婆《だいば》達多《だった》品《ほん》」)。しかし、この仏典では、堂々と女性が高邁な思想を説き、ブッダがそれを称賛するというストーリーで、そうした思想は微塵も見えません。あまたある仏典のなかでも、とくにユニークな地位を占める経典です。

しかもその思想も、声聞乗《しょうもんじょう》（ブッダの教えを聴いて忠実に実践する）・縁覚乗《えんがくじょう》（ただ一人でさとりを開く）・菩薩乗《ぼさつじょう》（大乗の実践）のいわゆる三乗の修行法は、究極的には一乗に帰すること、衆生のすべては煩悩につきまとわれているが、本性は清浄無垢で、如来と等しく、如来の性（仏性、如来蔵《にょらいぞう》）を備えているとして、日本仏教に大きな影響を与えた如来蔵思想を説いている点で重要です。

諸経の王である『法華経』と『観音経』

『法華経』は、詳しくは『妙法蓮華経』といわれ、「諸経の王」と称される代表的な大乗仏典です。つくられた時期は西暦一世紀の半ばから二世紀の半ばにかけて、西北インド（現在の北パキスタン）あたりで活動していた民間宗教者たちによって作成されたものと推定されています。漢訳は、六訳ありましたが、現存しているのは三種で、それらのうちで四〇六年に鳩摩羅什《くまらじゅう》（クマーラジーヴァ）によって訳された『妙法蓮華経』

(七巻二十七品、のち八巻二十八品)が最も流布しています。一九世紀以降、ネパール・チベット・中央アジア・カシミール(ギルギット)などで原典写本があいついで発見され、漢訳と対照しながら、『法華経』の成立状況や特色などについて研究が進められています。

この経典は、鳩摩羅什訳によれば、全体が二十八品、すなわち二十八章からなっていますが、伝統的には、第十四章(「安楽行品《あんらくぎょうほん》」)までの前半を「迹門《しゃくもん》」、第十五章(「従地涌出品《じゅうじゆじゅつほん》」)から最後までを「本門《ほんもん》」といい、区別しています。「迹門」は、第二章(「方便品《ほうべんぼん》」)を中心にして、仏教には声聞乗・縁覚乗・菩薩乗という三つの修行法がありますが、じつはこれはいずれも意味があり、結局は一つの真実の教えに帰着するということを明らかにしています。中村先生は、『法華経』の第一回目の講義(全体では、第15回目)を「宥和《ゆうわ》の思想」と題されていますが、前半の「迹門」から、中村先生は「宥和の思想」を読みとっておられたように思います。

後半の「本門」は、『法華経』のなかでもっとも重要とされる第十六章(「如来寿量品《にょらいじゅりょうほん》」)を中心として、永遠の仏、すなわち「久遠《くおん》の本仏」を明らかにしています。これはつまり、人間としてのブッダは、人々を導くために仮に人間の姿をあらわされたのであって、じつは永遠の昔にさとりを開いた久遠の根本仏があるというのです。

以上は『法華経』全体を二つの部門に分ける伝統的な解釈ですが、原典の成立事情を考慮して、もう一つ別の部門を立てる考え方もあります。それによると、第十章（「法師品《ほっしほん》」）から第二十二章（「嘱累品《ぞくるいほん》」）――ただし第十二章（「提婆達多品《だいばだったほん》」）を除く――までがもう一つの部分です。ここでは、大乗の菩薩あるいは菩薩行が強調されています。本稿では、第二十章（「常不軽菩薩品《じょうふきょうぼさつほん》」）の常不軽菩薩が、一切の衆生が皆やがて成仏するであろうということを尊重して、軽蔑や迫害にもめげることなく、四衆を礼拝した、というかれの菩薩行が取りあげられました。

以上をまとめますと、『法華経』は、第一に一つの真実の教えと、第二には久遠の根本仏と、第三に現実の大乗の実践道を解き明かしていると言えましょう。

『観音経』は『法華経』の一章を構成しており、「観世音菩薩普門品《かんぜおんぼさつふもんぼん》第二十五」を独立した経典として扱ったものです。本来、観音信仰にもとづいて単独に扱われていた経典が、『法華経』の中に吸収されたものともいわれています。

本経は、観音菩薩の名前を唱えることによって、いろいろな危機を乗り越えることができるとする現世利益的な面もあり、肉体をともなった霊魂の救済を説く面もあり、また欲望を肯定する世俗的な面もあり、一般民衆の好みに適合した教えを説いているために、ひろく流布しています。また、中国固有の宗教思想との共通性や道教経典の思想との共通点も指摘されています。

以上、この『大乗の教え(上)』では、日本の仏教の骨格を形成してきたような、まことに重要な経典が取りあげられました。いずれもまさに大乗仏典ならではの特徴を持ち、大乗の教えを高らかに説いているということで、逸することのできない重要な仏典ばかりです。しかも聖徳太子が、日本の国の国造りにあたって、『維摩経』『勝鬘経』『法華経』という三経典を取りあげ、注釈書『三経義疏《さんぎょうぎしょ》』を書いたことは深い意味をもっているといえましょう。たとえそれが聖徳太子の真作ではないとしても、日本仏教のスタートのときに、とくに重視されたのがこの三つの経典であったことは、その後の日本仏教の進展を方向づけることにもなりました。その意味でも大切な仏典ということができましょう。

〈仏典をよむ〉

岩波現代文庫版刊行によせて

平成七年に人文科学を除外する『科学技術基本法』が制定されて以来、文部科学省は、徐々に人文・社会科学をないがしろにして、科学技術にかかわる即効性のある自然科学を振興する方向へと向かい、しだいにその傾向を強めているように思われ、良識ある人々は心を痛めている。

確かに近年の科学技術の進歩はまさに驚異的である。すでに物質の設計図を手に入れた人類は地球上のすべての生物を破滅させる事のできる原子爆弾を作り出した。それと同時に、人類の幸福のためにと発展させてきた科学技術のために、知らず知らずのうちに、自然環境は破壊され、どう処分したらよいか分からない危険な放射性廃棄物が蓄積し、地球は温暖化し、地球上のあらゆる生物を破滅の淵に追い込んでしまっている。その上に人類は、生命の設計図のみならず、近年ではそれを意のままに操作できるゲノム編集技術までも手に入れ、いまやそれが乱用される危険性が懸念されている。

他方、文明の発達により、いまや地球はグローバル化し、一つの国家のようになった観があるが、この多文化、多言語、多宗教の多民族がひしめき合う弱肉強食の地球から逃れたくても、現在の段階では、他の惑星に逃げていくわけにはいかない。このような時に、われわれは如何に生きるべきか、という問題に突き当たる。しかしこれまで頼みの綱であった科学技術は答えてくれない。このような時に頼るべきは思想や哲学や宗教などの人文・社会の諸科学ではないだろうか。

このたびシリーズ〈仏典をよむ〉全四巻が岩波現代文庫に収録されることになり、再び新しく手に取りやすい形で、中村元先生の、ＮＨＫラジオで放送された定評のある、やさしくて的確な名講義を活字で読者の皆様にお届けできるようになったことは、時宜《じぎ》にかなった企画ではないかと思う。

中村先生は、「人生に関する指針を仏教に得ようとしても、仏教の経典を、すべてにわたり片端から通読することは容易ではないから、重要な教えだけでも知りたいという希望をよく耳に」された。その読者の希望をかなえるために、テレビで「インドの思想と文化」という連続講義をされたばかりではなく、ラジオでも一九八五年四月から九月まで、「こころをよむ／仏典」という連続講義を行なわれた（後にテキストが『こころをよむ／仏典』日本放送出版協会、一九八六、として出版）。これは再放送を求める視聴者の声が高かったせいであろうか、この連続講義は編集され、ＮＨＫサービスセンターから全一三巻のカセット『ＮＨＫこころをよむ／仏典』として、テキストと共に販売された。

今回岩波現代文庫に収録された〈仏典をよむ〉全四巻は、小生の監修のもとに、前述の連続講義を活字化し、全講義を内容にしたがって四分割し、第一巻『ブッダの生涯』、第二巻『真理のことば』、第三〜四巻『大乗の教え』上・下として、各巻に小生の解説を付し、二〇〇一年に三月〜九月にかけて出版されたものである。今回出版されるにあたっては、誤植の訂正と研究の進展にしたがって直すべき記述の訂正など若干の変更を加えた。

中村先生は、一九九九年一〇月一〇日満八六歳で亡くなられた。本書はその先生の連続講義を活字化したからであろうか、読んでいるうちに、今なおあたかも亡くなられた先生の講義に出席して直接講義をお聴きしているかのような錯覚にとらわれることがある。幸い思いがけず多くの読者の方々に好評をもって迎えられた。東方学院の講義にも仏教入門のテキストとして使用している。この連続講義だけで重要な原始仏典についても大乗仏典についても充分なご理解が得られるものと思うが、さらに進んで私どもの日常接している大乗仏典を学びたいと思われる読者には、中村先生の『現代語訳大乗仏典』(東京書籍、二〇〇三)をお薦めする。

最後に、現代文庫化にご快諾いただいた中村先生のご息女三木純子様をはじめご遺族の方々に謝意を表す。また十数年前にこの〈仏典をよむ〉全四巻の活字化に尽力された岩波書店の井上一夫氏と古川義子氏、並びにこのたびその現代文庫化を実現された中西沢子氏に厚く御礼を述べたいと思う。

二〇一七年八月一日

東方学院長　前田專學

本書は二〇〇一年七月、岩波書店よりシリーズ
〈仏典をよむ〉の第三巻として刊行された。

〈仏典をよむ〉3
大乗の教え（上）——般若心経・法華経ほか

2018年4月17日　第1刷発行
2025年5月15日　第2刷発行

著　者　中《なか》村《むら》　元《はじめ》

監修者　前田《まえだ》專學《せんがく》

発行者　坂本政謙

発行所　株式会社　岩波書店
〒101-8002 東京都千代田区一ツ橋2-5-5

案内 03-5210-4000　営業部 03-5210-4111
https://www.iwanami.co.jp/

印刷・精興社　製本・中永製本

ISBN 978-4-00-600375-3　　Printed in Japan

岩波現代文庫創刊二〇年に際して

二一世紀が始まってからすでに二〇年が経とうとしています。この間のグローバル化の急激な進行は世界のあり方を大きく変えました。世界規模で経済や情報の結びつきが強まるとともに、国境を越えた人の移動は日常の光景となり、今やどこに住んでいても、私たちの暮らしは世界中の様々な出来事と無関係ではいられません。しかし、グローバル化の中で否応なくもたらされる「他者」との出会いや交流は、新たな文化や価値観だけではなく、摩擦や衝突、そしてしばしば憎悪までをも生み出しています。グローバル化にともなう副作用は、その恩恵を遥かにこえていると言わざるを得ません。

今私たちに求められているのは、国内、国外にかかわらず、異なる歴史や経験、文化を持つ「他者」と向き合い、よりよい関係を結び直してゆくための想像力、構想力ではないでしょうか。

新世紀の到来を目前にした二〇〇〇年一月に創刊された岩波現代文庫は、この二〇年を通して、哲学や歴史、経済、自然科学から、小説やエッセイ、ルポルタージュにいたるまで幅広いジャンルの書目を刊行してきました。一〇〇〇点を超える書目には、人類が直面してきた様々な課題と、試行錯誤の営みが刻まれています。読書を通した過去の「他者」との出会いから得られる知識や経験は、私たちがよりよい社会を作り上げてゆくために大きな示唆を与えてくれるはずです。

一冊の本が世界を変える大きな力を持つことを信じ、岩波現代文庫はこれからもさらなるラインナップの充実をめざしてゆきます。

（二〇二〇年一月）

岩波現代文庫［学術］

G445-446
ねじ曲げられた桜(上・下)
―美意識と軍国主義―
大貫恵美子

桜の意味の変遷と学徒特攻隊員の日記分析を通して、日本国家と国民の間に起きた「相互誤認」を証明する。〈解説〉佐藤卓己

G447
正義への責任
アイリス・マリオン・ヤング
岡野八代
池田直子 訳

自助努力が強要される政治の下で、人びとが正義を求めてつながり合う可能性を問う。ヌスバウムによる序文も収録。〈解説〉土屋和代

G448-449
ヨーロッパ覇権以前(上・下)
―もうひとつの世界システム―
J・L・アブー＝ルゴド
佐藤次高ほか訳

近代成立のはるか前、ユーラシア世界は既に一つのシステムをつくりあげていた。豊かな筆致で描き出されるグローバル・ヒストリー。

G450
政治思想史と理論のあいだ
―「他者」をめぐる対話―
小野紀明

政治思想史と政治的規範理論、融合し相克する二者を「他者」を軸に架橋させ、理論の全体像に迫る、政治哲学の画期的な解説書。

G451
平等と効率の福祉革命
―新しい女性の役割―
G・エスピン＝アンデルセン
大沢真理監訳

キャリアを追求する女性と、性別分業に留まる女性との間で広がる格差。福祉国家論の第一人者による、二極化の転換に向けた提言。

2025.4

岩波現代文庫[学術]

G452
草の根のファシズム
―日本民衆の戦争体験―
吉見義明

戦争を引き起こしたファシズムは民衆が支えていた――従来の戦争観を大きく転換させた名著、待望の文庫化。〈解説〉加藤陽子

G453
日本仏教の社会倫理
―正法を生きる―
島薗進

日本仏教に本来豊かに備わっていた、サッダルマ(正法)を世に現す生き方の系譜を再発見し、新しい日本仏教史像を提示する。

G454
万民の法
ジョン・ロールズ
中山竜一訳

「公正としての正義」の構想を世界に広げ、平和と正義に満ちた国際社会はいかにして実現可能かを追究したロールズ最晩年の主著。

G455
原子・原子核・原子力
―わたしが講義で伝えたかったこと―
山本義隆

原子・原子核について基礎から学び、原子力への理解を深めるための物理入門。予備校での講演に基づきやさしく解説。

G456
ヴァイマル憲法とヒトラー
―戦後民主主義からファシズムへ―
池田浩士

史上最も「民主的」なヴァイマル憲法下で、ヒトラーが合法的に政権を獲得し得たのはなぜなのか。書き下ろしの「後章」を付す。

G457
現代《いま》を生きる日本史
須田努
清水克行

縄文時代から現代までを、ユニークな題材と最新研究を踏まえた平明な叙述で鮮やかに描く。大学の教養科目の講義から生まれた斬新な日本通史。

G458
小国
―歴史にみる理念と現実―
百瀬宏

大国中心の権力政治を、小国はどのように生き抜いてきたのか。近代以降の小国の実態と変容を辿った出色の国際関係史。

G459
〈共生〉から考える
―倫理学集中講義―
川本隆史

「共生」という言葉に込められたモチーフを現代社会の様々な問題群から考える。やわらかな語り口の講義形式で、倫理学の教科書としても最適。「精選ブックガイド」を付す。

G460
〈個〉の誕生
―キリスト教教理をつくった人びと―
坂口ふみ

「かけがえのなさ」を指し示す新たな存在論が古代末から中世初期の東地中海世界の激動のうちで形成された次第を、哲学・宗教・歴史を横断して描き出す。〈解説〉山本芳久

G461
満蒙開拓団
―国策の虜囚―
加藤聖文

満洲事変を契機とする農業移民は、陸軍主導の強力な国策となり、今なお続く悲劇をもたらした。計画から終局までを辿る初の通史。

2025. 4

G462
排除の現象学
赤坂憲雄

いじめ、ホームレス殺害、宗教集団への批判――八十年代の事件の数々から、異人が見出され生贄とされる、共同体の暴力を読み解く。時を超えて現代社会に切実に響く、傑作評論。

G463
越境する民
近代大阪の朝鮮人史
杉原達

暮しの中で朝鮮人と出会った日本人の外国人認識はどのように形成されたのか。その後の研究に大きな影響を与えた「地域からの世界史」。

G464
越境を生きる
ベネディクト・アンダーソン回想録
ベネディクト・アンダーソン
加藤剛訳

『想像の共同体』の著者が、自身の研究と人生を振り返り、学問的・文化的枠組にとらわれず自由に生き、学ぶことの大切さを説く。

G465
我々はどのような生き物なのか
―言語と政治をめぐる二講演―
ノーム・チョムスキー
福井直樹
辻子美保子 編訳

政治活動家チョムスキーの土台に科学者としての人間観があることを初めて明確に示した二〇一四年来日時の講演とインタビュー。

G466
ヴァーチャル日本語 役割語の謎
金水敏

現実には存在しなくても、いかにもそれらしく感じる言葉づかい「役割語」。誰がいつ作ったのか。なぜみんなが知っているのか。何のためにあるのか。〈解説〉田中ゆかり

G467
コレモ日本語アルカ？
—異人のことばが生まれるとき—
金水 敏

ピジンとして生まれた〈アルヨことば〉は役割語となり、それがまとう中国人イメージを変容させつつ生き延びてきた。〈解説〉内田慶市

G468
東北学／忘れられた東北
赤坂憲雄

驚きと喜びに満ちた野辺歩きから、「いくつもの東北」が姿を現し、日本文化像の転換を迫る。「東北学」という方法のマニフェストともなった著作の、増補決定版。

G469
増補 昭和天皇の戦争
—「昭和天皇実録」に残されたこと・消されたこと—
山田 朗

平和主義者とされる昭和天皇が全軍を統帥する大元帥であったことを「実録」を読み解きながら明らかにする。〈解説〉古川隆久

G470
帝国の構造
—中心・周辺・亜周辺—
柄谷行人

『世界史の構造』では十分に展開できなかった「帝国」の問題を、独自の「交換様式」の観点から解き明かす、柄谷国家論の集大成。佐藤優氏との対談を併載。

G471
日本軍の治安戦
—日中戦争の実相—
笠原十九司

治安戦(三光作戦)の発端・展開・変容の過程を丹念に辿り、加害の論理と被害の記憶からその実相を浮彫りにする。〈解説〉齋藤一晴

岩波現代文庫[学術]

G472
網野善彦対談セレクション
1 日本史を読み直す
山本幸司編

日本史像の変革に挑み、「日本」とは何かを問い続けた網野善彦。多彩な分野の第一人者たちと交わした闊達な議論の記録を、没後二〇年を機に改めてセレクト。(全二冊)

G473
網野善彦対談セレクション
2 世界史の中の日本史
山本幸司編

戦後日本の知を導いてきた諸氏と語り合った、歴史と人間をめぐる読み応えのある対談六篇。若い世代に贈られた最終講義「人類史の転換と歴史学」を併せ収める。

G474
明治の表象空間(上)
―権力と言説―
松浦寿輝

学問分類の枠を排し、言説の総体を横断的に俯瞰。近代日本の特異性と表象空間のダイナミズムを浮かび上がらせる。(全三巻)

G475
明治の表象空間(中)
―歴史とイデオロギー―
松浦寿輝

「因果」「法則」を備え、人びとのシステム論的な「知」への欲望を満たす社会進化論の跋扈。教育勅語に内在する特異な位相の意味するものとは。日本近代の核心に迫る中巻。

G476
明治の表象空間(下)
―エクリチュールと近代―
松浦寿輝

言文一致体に背を向け、漢文体に執着した透谷・一葉・露伴のエクリチュールにはいかなる近代性が孕まれているか。明治の表象空間の全貌を描き出す最終巻。〈解説〉田中 純

G477
シモーヌ・ヴェイユ
冨原眞弓

その三四年の生涯は「地表に蔓延する不幸」との闘いであった。比類なき誠実さと清冽な思索の全貌を描く、ヴェイユ研究の決定版。

G478
フェミニズム
竹村和子

最良のフェミニズム入門であり、男/女のカテゴリーを徹底的に問う名著を文庫化。性差の虚構性を暴き、身体から未来を展望する。〈解説〉岡野八代

G479
増補 総力戦体制と「福祉国家」—戦時期日本の「社会改革」構想—
高岡裕之

戦後「福祉国家」とは全く異なる総力戦体制=「福祉国家」の姿を、厚生省設立等の「戦時社会政策」の検証を通して浮び上らせる。

G480–481
経済大国興亡史 1500–1990(上・下)
チャールズ・P・キンドルバーガー
中島健二訳

繁栄を極めた大国がなぜ衰退するのか——国際経済学・比較経済史の碩学が、五〇〇年にわたる世界経済を描いた。〈解説〉岩本武和

G482
増補 平清盛 福原の夢
髙橋昌明

『平家物語』以来「悪逆無道」とされてきた清盛の、「歴史と王家への果敢な挑戦者」としての姿を浮き彫りにし、最初の武家政権「六波羅幕府」のヴィジョンを打ち出す。

岩波現代文庫[学術]

G483-484

焼跡からのデモクラシー(上・下)
――草の根の占領期体験――

吉見義明

戦後民主主義は与えられたものではなく、戦争を支えた民衆が過酷な体験と伝統的価値観をもとに自ら獲得したことを明らかにする。

2025. 4